La prière, c'est facile !

Textes : Charles Delhez

Illustrations : Chantal Cazin, Stéphane Girel,
Éric Puybaret

MAME
fidélité

Du même auteur, dans la même collection :
Dieu existe-t-il ? et 101 autres questions,
Fleurus-Fidélité, 2004
Jésus
Mame-Fidélité, 2007

À mes filleuls Adrien et Sophia,
bientôt en âge de lire ces pages.

A CAPPELLA
POUR MAME

Mise en page : E*f* & M*f*
Photogravure : Altavia

Groupe Fleurus
15/27 rue Moussorgski 75018 Paris, France.
www.editionsfleurus.com
ISBN Mame : 978-2-7289-1259-9
« Loi n° 49-956 du 16 juillet 1949 sur les publications destinées à la jeunesse. »

Éditions Fidélité
7, rue Blondeau, BE-5000 Namur, Belgique.
ISBN Fidélité : 978-2-87356-403-2
Dépôt légal (Belgique) : D/2008/4323/16

Biographies

Charles Delhez

Charles Delhez, prêtre jésuite de la communauté de Louvain-la-Neuve (Belgique), est curé de Blocry (Ottignies). Rédacteur en chef du grand hebdomadaire belge *Dimanche*, il est également directeur éditorial des Éditions Fidélité et conférencier. Outre de nombreux livres pour adultes dont *Apprendre à lire la Bible* (Fidélité), il a aussi beaucoup écrit pour les enfants : *Dieu existe-t-il ? et 101 autres questions* (Fleurus-Fidélité 2004), *Jésus* (Mame-Fidélité, 2007), et il a collaboré à des livres pour les adolescents.

Chantal Cazin

Ancienne élève de Met de Penninghen et des Arts Décoratifs, elle a illustré beaucoup de livres pour Flammarion, Atlas et Fleurus et dessine aussi pour la presse jeunesse. Elle aime à faire passer de l'humour et de la tendresse dans ses créations.

Stéphane Girel

Illustrateur depuis 12 ans, il a publié une cinquantaine d'albums jeunesse chez de nombreux éditeurs (Flammarion, Milan, Actes Sud) offrant des univers riches et variés. Il a 38 ans et vit à Megève en Haute Savoie.

Éric Puybaret

Ancien élève de l'atelier Met de Penninghen, il intègre l'École nationale supérieure des Arts Décoratifs où il se spécialise dans l'illustration. Lauréat en 1999 au Festival du livre pour enfants de Bologne, il illustre depuis des livres pour plusieurs maisons d'édition (Fleurus, Bayard, Magnard, Milan), et travaille pour la presse jeunesse. Il réalise parfois les textes de ses ouvrages, notamment *Cache-Lune* et *Les Échasses rouges* parus chez Gautier-Languereau.

Som

Commencer à prier

Comment faire pour prier ?

naire

Pourquoi prier ?

Que dire dans ma prière ?

Qui prier et avec qui ?

Prier même si c'est dur

Quelques prières pour toi

Pour commencer ta prière

Prières de toujours

Pour prier dans la journée

Prier avec Marie

Pour tes intentions

Avec les personnages de la Bible

Pour terminer ta prière

Le secret de Jésus : la prière !

Jésus était un grand priant, on l'oublie souvent. Les moments les plus importants de sa vie sont enveloppés de prière. Jésus est né à Bethléem. Tu connais bien l'histoire, c'est celle de Noël et de cet enfant qui naît dans une mangeoire parce que personne ne prend soin d'accueillir Marie et Joseph.

À douze ans, avec ses parents, il va en pèlerinage à Jérusalem. Il reste trois jours dans le Temple et quand ses parents le retrouvent enfin, il a cette parole forte : « Ne saviez-vous pas que je dois être aux affaires de mon Père ? » Tu peux imaginer que, enfant, adolescent, jeune adulte, il se consacrait beaucoup à la rencontre de ce Père dans le secret de son cœur.

Un jour, Jésus, le jeune charpentier de Nazareth, a quitté son village pour aller rejoindre son cousin, Jean le Baptiste. Tandis qu'il priait après son baptême, il a entendu une voix venue du ciel lui dire : « Tu es mon Fils bien-aimé, en toi j'ai mis tout mon amour. » Sa mission commençait. Pour la mener à bien, il est parti prier quarante jours au désert. Il en est ressorti plus fort. Il avait résisté aux tentations que nous rencontrons tous. Il lui aurait été si facile de demander à Dieu la puissance et de l'utiliser pour posséder, pour épater, pour régner…

Après des moments de foi intenses – les foules qui se rassemblent pour l'écouter, les miracles qui se multiplient – Jésus a pris conscience qu'il avait les autorités religieuses de son peuple contre lui et que son combat serait difficile. Il en a parlé à ses apôtres et s'est retiré avec trois d'entre eux dans la montagne, une fois encore pour prier. À nouveau, la voix du ciel a retenti : « Celui-ci est mon Fils bien-aimé, écoutez-le ! » La prière a permis à Jésus et à ses disciples de continuer le chemin dans la confiance.

La veille de sa mort, nous le retrouvons au Jardin des Oliviers. « Père, si tu veux, éloigne de moi cette coupe ; cependant que ce ne soit pas ma volonté qui se fasse, mais la tienne. » Il aurait tant voulu que Pierre, Jacques et Jean prient avec lui, mais ils dormaient…

Le secret de la vie de Jésus est tout simple : rester dans un cœur à cœur avec son Père. Le nôtre à tous, celui qui fait lever son soleil sur les bons et sur les méchants. Celui qui accueille l'enfant qui est parti au loin dépenser sa fortune, celui qui nourrit les oiseaux du ciel et revêt les fleurs des champs.
Il mérite toute confiance.

Trois jours après la mort de Jésus sur la croix, des femmes découvrirent le tombeau ouvert et vide, et le Ressuscité leur apparut. Ses disciples aussi le virent. Ceux qui avaient suivi Jésus depuis la Galilée ont compris qu'il était toujours vivant auprès de son Père et qu'il continuait à cheminer avec eux. Il leur avait laissé un commandement nouveau – « Aimez-vous les uns les autres comme je vous ai aimés » – et une seule prière : « Notre Père qui es aux cieux… »

Commencer à prier

Depuis quand prie-t-on ?

L'homme a toujours prié ! Les archéologues, qui fouillent le passé, ont pu remarquer que dans les plus anciennes tombes il y a des traces de religion. C'est d'ailleurs une des différences entre nous et les animaux qui n'enterrent pas leurs morts et n'ont pas l'idée de Dieu. Même pour les hommes préhistoriques, un monde invisible existe. Il y a des dieux. On peut leur parler, leur demander force, protection, aide… Dès que l'humanité a vu le jour, la prière a fait partie de ses activités.

Avec Abraham [✻ **tu peux retrouver son histoire p. 24**], une autre époque débute : les hommes commencent à croire en un Dieu unique. Cela s'appelle le « monothéisme », mot qui vient du grec *monos* « un » et *theos* « Dieu ». Le plus étonnant, c'est que Dieu prend la parole le premier : « Quitte ton pays… », demande-t-il à Abraham. Dieu prie l'homme, il a quelque chose à lui demander. Bien sûr, de son côté, Abraham lui adressera aussi des prières, comme tous les humains. Avec celui qu'on appelle « le père des croyants », la prière est donc devenue dialogue. Une grande aventure religieuse commençait et elle n'est pas encore achevée puisque toi, moi et beaucoup d'autres, nous sommes les enfants d'Abraham.

Qui nous demande de prier ?

Mais c'est Dieu lui-même ! Parfois tu penses qu'il faut prier pour faire plaisir à ta grand-mère ou à tes parents, mais, en réalité, c'est surtout Dieu qui veut entrer en relation avec toi. Il veut faire alliance avec l'humanité, comme dit la Bible, tout simplement parce qu'il nous aime ! Mais qu'est-ce que cela veut dire ? Quand tu as un ami, tu aimes le retrouver pour faire des choses avec lui, pour passer du temps ensemble, pour rire et partager tes peines. Dieu, comme un ami, aime nous retrouver et nous pouvons prendre l'habitude de venir le visiter, dans le secret de notre cœur. Et crois-moi, avec un ami pareil, on n'est jamais seul ! Jésus n'a pas cessé de nous encourager à la prière, en parlant lui-même à son Père, en nous demandant de le prier. Et même avant Jésus, dans le Premier Testament, la Bible nous confie déjà ce secret que Dieu est un ami bon et aimant qui nous soutient dans notre vie, et qu'il faut le respecter comme un père : « Le Seigneur est tendresse et pitié, lent à la colère et plein d'amour ; il n'est pas pour toujours en procès, ne maintient pas sans fin ses reproches ; il n'agit pas envers nous selon nos fautes, ne nous rend pas selon nos offenses. Comme le ciel domine la terre, fort est son amour pour qui le prie ; aussi loin qu'est l'orient de l'occident, il met loin de nous nos péchés ; comme la tendresse du père pour ses fils, la tendresse du Seigneur pour qui l'aime ! » (psaume 102).

Penser à Dieu, est-ce prier ?

Si tu penses à Dieu, c'est que tu l'aimes bien : tu as des questions à lui poser, un merci à lui faire entendre, une demande à lui présenter. Tous ces petits mouvements du cœur sont de très belles prières qui peuvent continuer à t'habiter dans la journée. Tu vis en présence de Dieu sans trop y penser. C'est comme une grande randonnée avec un ami. On ne se parle pas tout le temps. Mais il y a aussi des haltes qui permettent de bavarder. Avec Dieu, c'est la prière, bien nécessaire si tu veux entretenir ton alliance avec lui. Tu sais peut-être déjà que Dieu est toujours là, un peu comme le ciel enveloppe la terre. Dans le livre du prophète Michée, tu peux trouver cette belle réflexion : « Homme, le Seigneur t'a fait savoir ce qui est bien, ce qu'il réclame de toi : rien d'autre que pratiquer la justice, aimer la miséricorde, et marcher humblement avec ton Dieu » (Michée 6, 8).

Il vaut mieux prier ou aider maman ?

Il vaut mieux les deux ! Le service est essentiel, mais la prière aussi. « Il y a un temps pour tout », dit la Bible. L'important, c'est de savoir ce qu'il faut faire à cet instant précis.

Valait-il mieux guérir le lépreux ou aller dans la montagne pour prier ? Jésus a choisi les deux. Il s'est organisé pour que les deux soient possibles. Voilà pourquoi il se relevait la nuit pour prier. Mais attention ! Ce n'est peut-être pas de ton âge de te relever la nuit. Tes parents seraient inquiets pour ta santé. Mais je suis sûr que tu pourras trouver des petits moments. Souvent, ce ne sont pas les lépreux qui te prennent du temps, mais tes jeux et tes activités !

Saint Vincent de Paul, dont la vie était consacrée au service des pauvres, a dit un jour : « Quand vous êtes le matin en prière, et qu'un pauvre sonne à la porte, allez-y parce que, alors, vous quittez Dieu pour Dieu. »

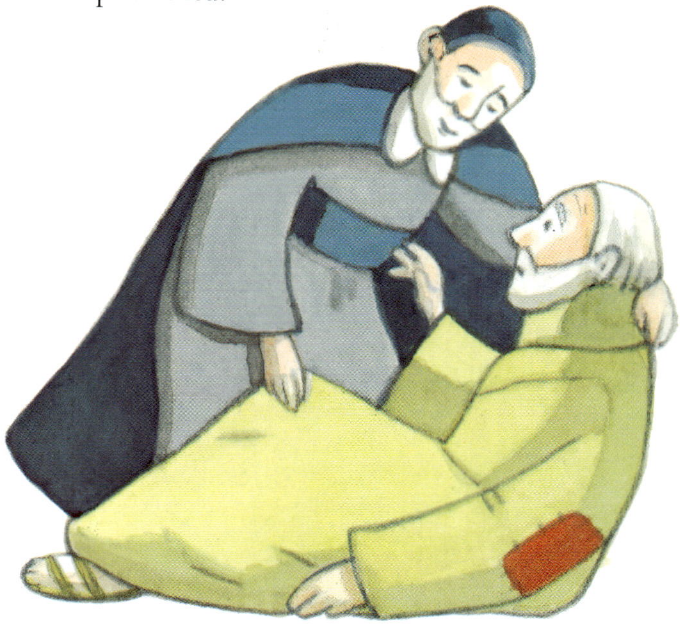

Les gens qui ne sont pas chrétiens prient-ils aussi ?

Bien sûr ! Dans toutes les religions, il y a des prières. Elles sont adressées au Dieu unique, par exemple chez les musulmans ; à différents dieux, surtout par le passé, lorsque, par exemple, les Grecs et les Romains avaient quantité de dieux ; aux ancêtres… En Inde, aujourd'hui encore, il y a de magnifiques temples où l'on peut vénérer plusieurs dieux et leur adresser des prières, des offrandes.

Peut-être te demandes-tu quelle est la bonne religion, et donc quelle est la meilleure prière ? C'est bien sûr en tant que chrétien que je réponds à cette question. Je crois que Dieu écoute toutes les prières, quelle que soit la religion dans laquelle elles sont formulées. Et pourtant, je reste chrétien, car la manière dont Jésus a parlé de Dieu est celle qui me touche le plus. Le prophète de Nazareth est d'ailleurs celui qui me paraît le plus libre par rapport à toutes les religions. N'a-t-il pas exaucé la demande d'une syro-phénicienne, une femme qui n'était pas juive ? N'a-t-il pas guéri l'enfant d'un centurion romain ? À la Samaritaine, qui demandait sur quelle montagne adorer, il a dit : « L'heure vient où les vrais adorateurs adoreront le Père en esprit et en vérité » (Jean 4, 23). Voilà pourquoi je reste chrétien. En suivant Jésus, je me sens plus proche de tous les croyants, quels qu'ils soient.

Comment être sûr que Dieu est vraiment là ?

Tu n'en seras jamais absolument sûr ! L'amour, l'amitié, la foi, ce n'est pas 2+2 = 4. Il y a des jours où tu ne ressens rien. Pourtant, Dieu est là. Ce sont des jours sans soleil, en quelque sorte. Quand les nuages occupent tout le ciel, les couleurs sont plus ternes. Quand le temps gris dure, on en vient à se demander si le soleil existe encore. Mais dès la première éclaircie, on comprend qu'en fait il n'y a pas de jour sans soleil. Une femme comme Mère Teresa a confié que, durant 50 ans, elle n'a pas ressenti la présence de Dieu. Et pourtant, elle lui a donné toute sa vie ! Elle ne voyait pas le soleil, mais elle savait qu'il était là !

Dieu offre toujours de quoi continuer la route, mais il aime rester discret. Il existe de nombreux témoignages de gens qui ont ressenti si fort sa présence que leur vie en a été bouleversée. Dieu donne des signes, mais jamais des preuves. Il nous arrivera donc de douter de lui et de son amour. C'est un peu la même chose avec les parents et les amis, on est parfois tenté de se décourager au lieu de rester dans la confiance. C'est plus tard que l'on comprend que l'amour était bien là, lorsqu'on voit tout ce qu'il nous a apporté.

Si, un jour, tu peux dire que la prière a produit du fruit dans ta vie, c'est parce que Dieu était là, dès le début. Dans les moments d'hésitation, il vaut mieux continuer le chemin. La foi, l'amour, l'amitié ressemblent un peu à un pari, mais il n'y a pas de perdant !

Qui es-tu **Abraham** ?

« Je suis le nomade de Dieu »

« J'ai toujours voyagé. Je suis un nomade et je cherche des terres riches pour mes troupeaux. Je suis aussi un croyant. Un jour, Dieu m'a demandé de quitter mon pays et de me mettre en route dans la confiance. “Quitte ton pays, va vers celui que je t'indiquerai…” Qui étais-je donc pour que Dieu s'adresse à moi et s'engage vis-à-vis de moi ? Il m'a en effet promis, à moi qui n'avais pas encore d'enfant, que ma descendance serait plus nombreuse que les grains de sable du bord de la mer. Et je l'ai cru ! Je ne savais pas où j'allais, mais je savais à qui je répondais.

Je n'oublierai jamais ce repas avec trois visiteurs mystérieux, un jour, au pied du chêne de Mambré. Ils me parlaient comme s'ils ne faisaient qu'un. Je crois qu'ils venaient de la part de Dieu. Et, tout à coup, ils m'ont dit : “L'année prochaine, à cette date, tu auras un fils…” Et, un an plus tard, en effet, Isaac était né. Un cadeau de Dieu !

Que ne fut donc pas mon étonnement lorsque cette voix intérieure et mystérieuse, que j'avais déjà entendue, me demanda d'offrir en sacrifice ce fils de la promesse, comme beaucoup de croyants le font pour leurs dieux. J'avais choisi de vivre dans la confiance. Sans trop comprendre, je me suis donc mis en route. Là-haut, sur la montagne de Moriah, oh ! surprise, un bélier m'attendait. Je l'offris à la place de mon fils. Dieu – il est si bon – avait voulu me faire comprendre qu'il ne voulait pas de sacrifices humains comme dans les autres religions. Il est le Dieu des vivants, et non des morts. Il est pour la vie. J'avais eu raison de lui faire confiance. Il sera mon Dieu, et celui de ma descendance, pour toujours. »

Tu peux retrouver Abraham dans la Bible au livre de la Genèse, chapitres 11 à 25.

Comment faire pour prier ?

Comment faire pour écouter Dieu puisqu'on ne l'entend pas avec nos oreilles ?

Tu peux d'abord l'entendre avec le cœur ! Mais qu'est-ce que ça veut dire ? Le cœur, c'est une image pour parler de ce qu'il y a de plus profond en nous, le meilleur de nous-mêmes. Pour le croyant, ce meilleur vient de Dieu puisque l'homme et la femme ont été créés à son image et à sa ressemblance.

Si tu es attentif à ce qui se passe en toi, tu découvriras vite qu'il y a de bonnes idées qui te passent par le cœur. Si tu les mets en pratique, cela fera du bien aux autres et toi, tu seras heureux. Tu auras le sentiment que tu as fait ce que tu devais faire, ce qui était le plus digne de toi. En écoutant ton cœur, tu as écouté Dieu.

Parfois, c'est différent : l'appel de Dieu nous vient par la voix des autres. Écoute tous ceux qui cherchent la paix, la justice et aussi ceux qui sont malheureux et qui ont besoin de toi. C'est aussi comme ça que Dieu fait passer son message et qu'il te demande de l'aider !

Est-ce que le cœur peut être sourd ?

Les médecins disent que l'oreille peut être abîmée par trop de décibels à longueur de journée. C'est pareil lorsqu'on essaie d'écouter son cœur. Si on est trop encombré, si on pense sans cesse à des choses matérielles, si on ne s'arrête jamais pour écouter Dieu, on devient vite sourd à l'essentiel. On n'entend plus le murmure du cœur, ni la voix des autres.

Quelquefois, on entend seulement ce que l'on veut bien entendre. Un jour, Peau Rouge et Visage Pâle se promenaient ensemble sur une place bondée de monde. Tout à coup, l'Indien s'arrêta, puis se dirigea vers le mur où il prit sur son doigt un grillon qui chantait. « Quelle ouïe ! », lui dit le Blanc. « L'ouïe des peaux rouges est bien meilleure que celle des visages pâles, ajouta-t-il – Pas si sûr ! Regarde bien. » Et l'Indien prit dans le fond de sa poche une toute petite pièce de monnaie et la laissa tomber sur le sol. Aussitôt, tous les passants s'arrêtèrent net. Ils l'avaient entendue !

Nous entendons ce que nous voulons bien entendre. Garde les oreilles de ton cœur bien ouvertes et tu entendras Dieu !

Je n'arrive pas à commencer ma prière, comment faire ?

Pour commencer ta prière, des petits rites peuvent être utiles, ce sont des habitudes, des gestes toujours pareils, comme quand on retrouve un ami. Dans toutes les religions, ils font partie de la prière. Il s'agit de préparer son cœur. Ils servent à s'apprivoiser, aurait dit le Renard au Petit Prince. Veille d'abord à ne pas passer immédiatement d'une activité agitée à cette rencontre du cœur. Choisis un endroit où tu es bien. Fais ton signe de croix, dis une petite prière que tu aimes ou que tu connais par cœur… Et prends un petit temps de silence pour écouter Dieu parler à ton cœur. Pense aussi à prévoir un petit rite pour terminer cette rencontre avec Dieu. On ne se quitte pas sans se saluer. C'est parfois les dernières paroles qui sont les plus importantes. Celles que l'on n'oubliera pas. Il y a plus d'une manière. C'est comme pour l'amitié, il faut de l'imagination, on trouve toujours des idées pour retrouver ses amis, les écouter et leur dire qu'on les aime.

Le coin prière est-il important ?

Je crois que oui. Que ce soit dans la maison ou dans ta chambre, il est bon qu'il y ait un lieu qui te rappelle la présence de Dieu. C'est comme dans les villages et les villes, il y a des lieux pour tout : pour manger, travailler, dormir, jouer, boire, assister à un spectacle, se promener… Il y en a aussi pour la prière, ce sont les églises ! À Jérusalem, c'est le fils de David, le roi Salomon, qui a construit un beau temple pour Dieu. Jésus a souvent été en ce lieu. À la femme de Samarie, cependant, Jésus a dit qu'il fallait « adorer en esprit et en vérité » (Jean 4, 23). Ce n'est donc pas le lieu qui est le plus important, même s'il aide.

Un coin prière peut donc être bien utile. Et qu'y mettre ? Tout ce qui te tient à cœur et te fait penser à Dieu, notamment quelque chose à contempler (une icône), quelque chose à lire (la Bible ou d'autres livres de prière), mais aussi quelque chose pour illuminer (une bougie) et pour embellir (des fleurs). Les fleurs seront un test : si elles sont fanées, c'est que cela fait un petit temps que tu n'y as pas été. Ton coin prière est devenu un coin poussière !

Il suffit parfois de déposer sur le bord de ton bureau ou près de ton lit une belle photo qui te rappelle la présence de Dieu et cet endroit devient lui aussi un petit coin prière…

Est-ce que je peux prier ailleurs que dans ma chambre, pendant la récré ?

Mais bien sûr ! La chambre, il est vrai, est un lieu privilégié. Jésus a dit : « Quand tu pries, retire-toi au fond de ta maison, ferme la porte, et prie ton Père qui est présent dans le secret ; ton Père voit ce que tu fais dans le secret : il te le revaudra » (Matthieu 6, 6). Mais si Dieu est partout, tu peux aussi le rencontrer dans la cour de récré ou au sport. Tu te surprendras peut-être à prier pour tel copain qui a l'air bien triste, ou à remercier le Seigneur de la joie un peu folle de certains jeux.

« Prier, c'est penser à Dieu en l'aimant », a dit sainte Thérèse de Lisieux. Cela, c'est possible partout.

Une pensée d'amour peut si facilement s'envoler de notre cœur, où que l'on soit.

Un jour, un vieux sage rencontra un jeune homme qui allait se promener dans les bois. « Que vas-tu y faire ? demanda-t-il. – Rencontrer Dieu, répondit le jeune homme. – Mais Dieu est partout, fit remarquer le vieux sage. – Oui, mais moi, je ne suis pas partout le même. C'est dans la forêt que je lui ouvre le plus facilement ma porte. »

Crois-moi, la prière se marie avec toute activité, elle peut se vivre partout !

Quel est le bon **moment** pour prier ?

Chacun a son rythme, certains préfèrent le matin, d'autres le soir. Très vite, tu remarqueras qu'il y a des moments plus favorables que d'autres. L'essentiel, c'est qu'il y ait de la prière dans ta vie, qu'elle n'en soit pas absente.

Un jour, un vieux sage montra à son ami une magnifique vasque. Il y déposa de gros galets de rivière, jusqu'à ras bords. « La vasque est pleine, tu es bien d'accord ? – Oui », répondit l'ami. Le sage prit alors du gravier et le fit glisser entre les gros galets, jusqu'à ras bords. Puis du sable, jusqu'à ras bords. « Tu vois, ce n'était pas plein ! – Maintenant, oui », répondit le compagnon. Mais il y eut encore moyen d'y faire couler quelques litres d'eau. Une fois de plus, la vasque était pleine à ras bords. « Si j'avais commencé par l'eau à ras bords, il ne m'aurait plus été possible d'ajouter quoi que ce soit dans la vasque sans la faire déborder. Mais je voulais y mettre de gros galets, j'ai donc commencé par eux. Il faut donner priorité à l'essentiel. On trouvera toujours de la place pour le reste. » Commence donc par réserver un espace pour la prière, peu importe l'heure si l'essentiel est là !

Dans quelle position, dans quelle attitude prier ?

Quand tu pries seul, il n'y a aucune règle. À toi de trouver l'attitude qui te convient le mieux, celle qui t'apaise et te permet de rentrer en toi-même. Ne prends pas une position qui, au bout de quelques minutes, va te donner des fourmis partout et te faire bouger, gesticuler.

Bien sûr, si tu pries avec d'autres, notamment à la messe, il est bon d'adopter la position de tous, car elle exprime la foi commune. Tu auras remarqué, à ce propos, que les musulmans prient prosternés. Islam, en effet, veut dire soumission à Dieu. Les chrétiens, depuis les origines, prient debout, les mains levées vers le ciel. Jésus n'a-t-il pas souvent dit : « Lève-toi ! » ? La position debout est un signe de résurrection.

Il existe aussi des petits bancs de prière. Il suffit de se mettre à genoux, de les placer au-dessus de nos talons et de s'asseoir. Mets ensuite les mains sur tes genoux, ferme les yeux, prie ton Père qui

est là dans le secret… Tu verras, on est bien dans cette position.

L'important, cependant, se passe à l'intérieur, là où tu accueilles ton Seigneur ! Mais il ne s'imposera jamais. Je me souviens, sur les murs d'une paroisse, d'une belle affiche représentant Jésus qui frappait à la porte. Un jour, quelqu'un observa qu'il n'y avait pas de poignée à la porte. On le fit remarquer à l'artiste qui répondit simplement : « La poignée est à l'intérieur. Il y a des portes que l'on n'ouvre pas de l'extérieur… »

Est-on obligé de prier le matin et le soir ?

Saint Paul y allait fort : « Priez sans cesse ! » disait-il. Est-ce une obligation ? Non, puisque personne ne peut t'obliger à croire et à prier. C'est simplement un conseil. Si tu aimes Dieu, n'est-il pas logique que tu vives avec lui ?

Le matin, il est bon de louer Dieu, de le remercier pour le soleil qui se lève. Qu'il y ait des nuages ou non, l'astre du jour brille et éclairera tous les lieux où tu iras. Peut-être peux-tu déjà offrir cette journée à Dieu, comme un bouquet de fleurs fait de tous les petits gestes d'amour, toutes les pensées positives, toutes les paroles amicales des prochaines heures.

Le soir, je te propose trois petits mots : merci, pardon et voici. Dans ton coin prière, tu peux en effet repasser dans la mémoire du cœur tous les beaux moments de la journée et dire merci à Dieu. Il est bon aussi d'accueillir son pardon pour tous les manques d'amour, pour les faux pas et les négligences. Et enfin, tu peux lui présenter ceux et celles que tu as rencontrés et avec qui tu as partagé joies et peines. Tu peux aussi te préparer pour les rencontres, les activités qui sont au programme du lendemain, et demander l'aide de Dieu afin que, grâce à toi, son règne d'amour grandisse.

Peut-on prier en écoutant de la musique sacrée ? Peut-on danser ?

Réponse positive sur toute la ligne ! La musique est une très belle façon de se mettre en relation avec Dieu. En effet, on parle de musique « sacrée ». Le chant grégorien inventé par les moines du Moyen Âge séduit encore beaucoup de gens aujourd'hui. Dans les célébrations, les cantiques que l'on chante ensemble, ceux que l'on écoute et les temps musicaux qui permettent la méditation tiennent beaucoup de place. On fait donc bien d'écouter de la musique, mais aussi de chanter, car « c'est prier deux fois », disait saint Augustin.

Quant à la danse, elle exprime par tout notre corps les sentiments qui nous habitent. La Bible rapporte les pas et les sauts joyeux de David autour de l'arche d'Alliance. Mireille Nègre, danseuse étoile à Paris il y a quelques années, a donné beaucoup de spectacles pour témoigner de sa foi.

Lors d'un voyage, j'ai rencontré un prêtre indien danseur, le père Georges. « Dans la culture indienne, m'a-t-il expliqué, le chant, la danse, la musique sont des manières de se rapprocher de Dieu. La danse est donc une prière, un lien entre Dieu et les hommes. Saint Paul ne disait-il pas que le corps est le temple de Dieu ? » On peut donc louer Dieu avec tout son corps.

Ma prière est-elle assez longue ?

Pourquoi les moines prient-ils tout le temps ?

Il n'y a pas d'appareil pour mesurer les prières ! C'est vrai qu'il y a des gens qui prient très peu, même pas du tout. Mais il y en a aussi qui prient trop. Leurs prières sont interminables, et ils oublient de se mettre au travail. La prière est pour eux une fuite. Sais-tu que saint Ignace, le fondateur des jésuites, demandait à ses jeunes « apprentis » de ne pas prier trop longtemps ! Il savait que la prière peut être une manière d'échapper à l'étude.

Tu penses que les moines prient tout le temps. Mais cela dépend de ce que tu entends par prière. Ils ne sont pas sans cesse à l'église à chanter des psaumes ou à genoux, dans leur cellule, à lever les mains vers le ciel. D'ailleurs, leur devise est : prie et travaille ! Le travail ne peut jamais empêcher quelqu'un de prier et la prière ne devrait pas nous détourner de notre travail. Une fois de plus, il faut distinguer un état de prière et des moments de prière. Les moines essaient d'être toujours proches de Dieu dans tout ce qu'ils font, mais ils ont aussi des instants uniquement consacrés à la prière. C'est vrai que ces moments sont plus nombreux que les nôtres, car ils considèrent cela comme leur tâche prioritaire.

Qui es-tu **David** ?

« Je suis le chantre de Dieu »

« J'étais berger, je suis devenu roi et j'ai toujours été poète. C'est le prophète Nathan qui est venu me chercher chez mon père, tandis que je gardais ses brebis. Je devais succéder au roi Saül, ce qui ne se fit pas sans peine. J'ai conquis Jérusalem, dont j'ai fait la capitale de mon royaume. Et c'est dans cette ville que j'ai placé l'arche d'Alliance qui avait cheminé avec le peuple tout au long de son périple dans le désert. Les habitants de Jérusalem se souviendront encore longtemps de ma danse, ce jour-là ! J'éclatais de joie pour Dieu, notre sauveur.

La période où je vécus fut remplie de guerres. Les ennemis d'Israël étaient nombreux. J'en ai mené

des batailles, la plus célèbre étant sans doute celle contre les Philistins. Au lieu de se tuer par milliers, les deux armées décidèrent de faire combattre un seul homme de chaque camp. D'un côté, Goliath, un géant ; de l'autre, moi, si petit. C'est pourtant moi qui ai remporté la bataille, tout simplement avec une fronde.

Je n'ai pas toujours été irréprochable. Loin de là. Pour pouvoir épouser Bethsabée, une belle femme que j'avais séduite, je n'ai pas hésité à demander au commandant de mon armée de veiller à ce que son mari ne sorte pas vivant du combat. Mais Dieu, qui sait tout, a envoyé le prophète Nathan pour me le reprocher. J'ai bien dû reconnaître que j'avais péché, mais le Seigneur m'a pardonné.

On m'attribue les 150 Psaumes de la Bible. Dans mes poèmes, j'ai traduit en prière tous les sentiments que l'on peut exprimer face à Dieu : la louange et la reconnaissance, la demande de pardon, la supplication, l'appel au secours, la détresse…

Oui, quand un pauvre appelle, le Seigneur écoute. »

Tu peux retrouver David dans la Bible dans le premier et le second livre de Samuel.

Pourquoi prier ?

Dieu a-t-il besoin de notre prière ?

Dieu la désire. Il existe sans nous, mais il a voulu nous créer pour entrer en relation avec nous. C'est cela l'amour : un désir d'échanger, de se donner, de recevoir. C'est l'originalité du Dieu de la Bible. Le mot qui exprime le mieux cela est celui d'« alliance » : une vraie alliance suppose que, des deux côtés, on s'engage. Dans l'histoire d'Abraham, à plusieurs reprises, cette alliance est conclue. Un épisode de sa vie illustre cela : il a reçu, un jour, trois mystérieux visiteurs. Il leur a offert à manger grâce au travail de Sarah, sa femme. Il a compris que c'était une visite divine. Plus tard, les chrétiens y verront une première image de la Trinité. L'icône de la Trinité, peinte par Andreï Roublev, décore souvent les églises. Son véritable nom est : « l'hospitalité d'Abraham ». Regarde bien : les trois visiteurs, la maison d'Abraham à gauche, le Chêne de Mambré où s'est passée cette rencontre au centre, et les rochers de cette région à droite. Ces trois personnages sont accueillis, mais on a aussi l'impression qu'ils nous accueillent. Une place reste vide à table, ne serait-ce pas la tienne ?

Peut-on prier pour des choses sans importance ou impossibles ?

Pour certains, prier semble synonyme de demander, voire de mendier. On se demande jusqu'où on peut pousser l'audace. Mais en fait, dans la prière, il faut demander à Dieu des choses spirituelles, c'est-à-dire essentielles. Le Notre Père [✻ p. 113] est pour cela un excellent exemple. Jésus nous invite à demander que le nom de son Père soit sanctifié (c'est-à-dire que tous sachent qu'ils ont un Père dans les cieux, qui les aime), que son règne vienne (c'est-à-dire que l'amour soit l'unique loi) et que sa volonté soit réalisée (c'est-à-dire que tout homme soit heureux et que nous vivions en frères et sœurs). Seulement ensuite, il nous invite à demander le pain de ce jour, non pas pour l'accumuler et nous enrichir, mais pour vivre aujourd'hui. Et aussi à demander pardon, à trouver la force pour résister à la tentation et à nous mettre sous la protection de notre Père.

Les choses impossibles, tu peux les demander, car pour lui tout est possible. Mais il n'a pas « une obligation de résultat ». Ce n'est pas à toi de décider comment il répondra. Quant aux choses sans importance, si elles n'en ont pas pour toi, elles n'en ont pas pour Dieu. Ne t'en préoccupe pas trop !

Est-ce que je suis sûr d'aller au ciel si je prie ?

Le ciel, c'est être avec Dieu. « Aujourd'hui, tu seras avec moi dans le Paradis », a dit Jésus au bandit crucifié avec lui et qui priait : « Seigneur, souviens-toi de moi quand tu viendras inaugurer ton Règne » (Luc 23, 42-43). Magnifique prière et touchante réponse ! Dieu a une bonne mémoire ! Il est celui qui se souvient de tous ceux qui sont oubliés, disait Bartholomé de Las Casas, un prêtre qui a lutté pour la liberté des Indiens d'Amérique.

Prier, c'est demander à Dieu qu'il se rappelle qu'il m'a créé avec amour, qu'il m'accompagne donc fidèlement sur les chemins de l'existence. Prier, c'est tisser des liens avec lui, l'« apprivoiser », dirait le Renard du Petit Prince. Quand tu pries, tu es déjà au ciel, puisque tu es avec Dieu. « Dès maintenant, écrivait saint Jean aux premiers chrétiens, nous sommes enfants de Dieu » (1 Jean 3, 2).

Prier pour les autres, est-ce vraiment utile ?

La Bible raconte que Moïse a prié longuement pour son peuple qui devait se défendre contre l'ennemi, tellement longtemps que ses bras levés vers le ciel en tombaient de fatigue et que ses amis ont dû les soutenir. Il croyait donc à la prière pour les autres…

La prière, la vraie, est comme la pluie qui tombe sur le sol. Elle rejaillit toujours en source quelque part. Tu ne sais pas où, mais tu peux en être certain. C'est parfois très loin de là, après avoir cheminé longtemps au secret de la terre. N'essaie donc pas de mesurer les fruits de ta prière. Contente-toi de prier dans la confiance.

La prière est donc « utile », même si ce mot n'est pas très beau. Je dirais plutôt qu'elle est féconde. Elle peut changer le monde. J'ai eu à ce propos la confidence – eh ! oui – d'une mésange. Elle m'a raconté qu'un jour d'ennui, elle comptait les flocons de neige qui tombaient. Tu sais combien pèse un flocon ? Trois fois rien. Elle a donc compté les « trois fois rien » qui s'accumulaient sur une branche de l'arbre où elle s'était posée. Il en tomba 1989. Lorsque le 1990e tomba sur la branche, un « trois fois rien » supplémentaire, celle-ci cassa. Il ne manque peut-être qu'un jour de prière pour que Dieu t'entende ! Les scientifiques, eux, parlent de « l'effet papillon ». Un battement d'aile à un bout de la planète peut parfois provoquer une tornade à l'autre extrémité !

Est-ce que je peux prier pour ceux qui offensent Dieu ?

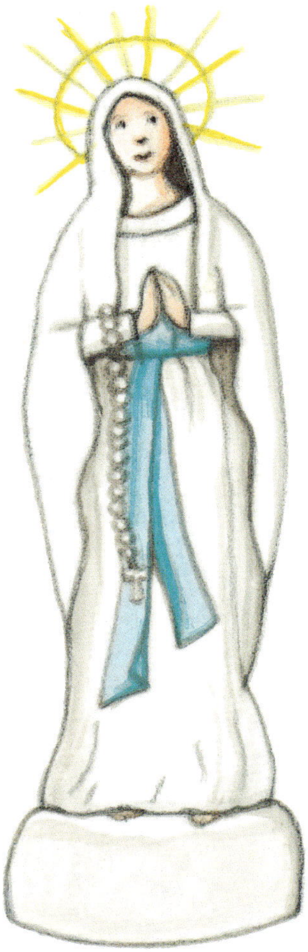

Belle question que la tienne ! À Lourdes, Marie a insisté auprès de la jeune voyante devenue sainte Bernadette : « Priez pour les pécheurs. » Pense aussi à cette phrase de saint Paul pour son disciple Timothée : « Dieu veut que tous les hommes soient sauvés » (1 Timothée 2, 4). Si tu es croyant, ton souhait est le même. Il est donc normal que tu pries pour ceux qui sont éloignés de lui. Le Je vous salue Marie [❊ p. 125] commence d'ailleurs à la première personne du singulier et se poursuit à la première du pluriel : « Priez pour nous, pauvres pécheurs. »

Être chrétien, ce n'est pas vouloir arriver le premier au ciel, mais vouloir y arriver avec tous les autres. « Que dirait-il si nous arrivions les uns sans les autres ? », écrivait le poète Charles Péguy. Il est donc normal d'avoir le souci des autres dans sa prière, et surtout des pécheurs. Jésus priera pour eux jusque sur la croix : « Père, pardonne-leur, car ils ne savent pas ce qu'ils font. »

Encore enfant, sainte Thérèse de Lisieux – qui, à l'âge de 15 ans, entra au Carmel, une communauté de religieuses consacrées à la prière – avait appris qu'un certain Pranzini était condamné à l'échafaud. Elle pria beaucoup pour lui. Juste avant de mourir, ce brigand embrassa trois fois un crucifix. C'est « mon premier enfant », dira-t-elle. Elle était convaincue que sa prière l'avait sauvé.

Prier peut-il changer ma vie ?

J'espère bien. Sinon à quoi servirait la prière ? Elle ne ferait que nous entretenir dans notre petit ronron quotidien ? Prier, c'est fréquenter Dieu et, à son contact, commencer à lui ressembler. Progressivement, si notre prière est vraie, si notre écoute de l'Évangile est attentive, nous acquerrons d'autres réflexes. Nous découvrirons ce que Dieu attend de nous. Certaines personnes doivent d'ailleurs l'orientation de leur vie à la prière.

Te souviens-tu de l'histoire de Samuel ? Il logeait dans le temple du Seigneur, avec le prêtre Éli. Il s'entendit appeler par son prénom et crut que c'était la voix d'Éli (à ne pas confondre avec le prophète Élie). Par deux fois, il se rendit auprès du prêtre qui le renvoya à son lit : il ne l'avait pas appelé. La troisième fois, Éli comprit que c'était Dieu qui appelait l'enfant, et il dit à Samuel : « Si l'on t'appelle encore, réponds : parle Seigneur, ton serviteur écoute ! » (1 Samuel 3, 1-10). Samuel devint un grand prophète

Ceci n'est pas une histoire seulement biblique, mais bien actuelle. De nos

jours encore, des croyants prennent un temps de retraite – parfois de plusieurs semaines – pour interroger Dieu dans le silence : « Seigneur, que veux-tu que je fasse ? Quelle est ma vocation, quel est ton appel ? » Le vrai croyant, en effet, est convaincu que Dieu veut son bonheur, mais sans doute pas comme la publicité nous le présente. Il s'agit de la joie d'aimer et d'être aimé en vérité.

Jésus a-t-il eu besoin de prier ? A-t-il appris à prier comme nous ?

Jésus a beaucoup prié, même la nuit. Il a commencé sa mission par quarante jours au désert. La prière lui a permis de résister aux tentations. On le voit prier avant de choisir ses disciples ou devant le tombeau de son ami Lazare. C'est en le voyant prier que les disciples lui ont demandé comment faire (Luc 11, 1), et c'est tandis qu'il priait sur la montagne qu'il a été transfiguré, rayonnant de lumière (Luc 9, 28-36). Il y a aussi cette longue prière la veille de sa mort, le soir du Jeudi saint (Jean 17).

Les évangélistes nous ont rapporté quelques-unes de ses prières. « Père, je proclame ta louange : ce que tu as caché aux sages et aux savants, tu l'as révélé aux tout-petits » (Luc 10, 21). Ou encore, au Jardin des Oliviers : « Père, si tu veux, éloigne de moi cette coupe » (Luc 22, 42) et bien sûr, il nous a offert une prière que nous garderons pour toujours : le Notre Père [❊ p. 113].

Luc nous a dit aussi, en parlant de l'enfance de Jésus, qu'il grandissait en taille et en sagesse (2, 52). C'est dire qu'il a été un enfant semblable à tous les enfants et qu'il a dû apprendre son « métier d'homme ». Comme tous les juifs, il a appris à prier avec les Psaumes qui sont le trésor spirituel de son peuple. Tu peux donc imaginer, sans problème, Jésus apprenant à prier sur les genoux de sa maman, allant à la synagogue avec son père, partant en pèlerinage à l'âge de douze ans.

Qui es-tu Moïse ?

« Je suis le guide de mon peuple »

« Depuis des générations, les Hébreux, mes frères et sœurs, étaient esclaves au pays des pyramides. Quand je suis né, les enfants mâles devaient être mis à mort. Nous étions en effet devenus puissants et faisions peur à nos maîtres. Afin que je survive, ma mère m'a déposé sur les eaux du fleuve, dans un panier d'osier. J'ai été sauvé par la fille de Pharaon. J'ai donc grandi à la cour royale. Un jour, cependant, j'ai dû m'enfuir au désert de Madiân, après avoir tué un Égyptien qui frappait un de mes frères hébreux. C'est là que, faisant paître des troupeaux, j'ai aperçu un buisson qui brûlait sans se consumer.

Je me suis approché, par curiosité. Du milieu du buisson, j'ai entendu une voix qui m'appelait : "Moïse ! Moïse !" et j'ai alors compris que Dieu voulait me parler : "Je suis le Dieu de tes pères… J'ai vu la misère de mon peuple." Il m'a envoyé de sa part vers Pharaon pour négocier le départ de mon peuple. Mais si Pharaon me demandait de qui je me réclamais, que devais-je dire ? Dieu m'a répondu : "Je suis celui qui est." Réponse mystérieuse, mais j'ai tout de même compris qu'il n'y a pas d'autre Dieu que lui et je me suis mis à son service pour guider mon peuple.

Finalement, nous avons passé la mer Rouge à pieds secs. Les armées de Pharaon ont été englouties. Le peuple a alors découvert un immense désert et s'est mis à regretter le temps de l'esclavage. La révolte a grondé contre Dieu. Mais sans confiance, on tourne en rond. C'est ce qui nous est arrivé pendant quarante ans dans le désert.

Durant ce séjour, au sommet du mont Sinaï, j'ai reçu les commandements. Le Seigneur donnait des repères à son peuple, pour protéger sa liberté si difficilement acquise. Pendant que j'étais là-haut, hélas, les fils et les filles d'Israël fabriquèrent un veau d'or pour se prosterner devant lui. Il aurait fallu voir ma colère quand je l'ai découvert. Dieu est le seul. Il n'y en a pas d'autre !

Moi-même, je n'entrerai jamais dans la Terre promise. Je la verrai du haut du mont Nebo. Mais, heureusement, mon peuple découvrira ce pays où coulent le lait et le miel. »

Retrouve Moïse dans la Bible dans les livres de l'Exode et des Nombres.

Que dire dans ma prière ?

Pourquoi le silence est-il important pour prier ?

La voix de Dieu ressemble plus au murmure d'une brise légère qu'à un ouragan, tu le verras dans l'histoire d'Élie [✳ p. 72]. S'il y a trop de bruit, tu auras de la peine à distinguer sa voix. Pour descendre au plus profond de toi, il faut mettre toutes les chances de ton côté. Ce n'est pas facile, un rien peut distraire. À Taizé, village de Bourgogne où des jeunes se rendent pour prier, après les chants et la Parole, il y a toujours un long moment de silence. Les milliers de jeunes assis sur le sol de la grande église de la Réconciliation se taisent ensemble. Plus un mot. Cela crée une communion impressionnante. On se sent réuni par quelqu'un de plus grand que nous.

On dit parfois que prier, c'est faire le plein ! Il est sans doute aussi juste de dire que c'est faire le vide. Notre tête et notre cœur sont en effet tellement encombrés. Il y a parfois des sentiments négatifs qui nous habitent : la colère, la jalousie, l'envie. Il y a aussi tout le bruit extérieur, les images de la télé, des magazines, de la pub… qui nous envahissent. Il y a encore tous ces objets que nous convoitons, ou ces rêves fous d'être le meilleur, le plus grand, le plus fort. De temps en temps, il est bon de faire un grand nettoyage, car tout cela nous empêche d'être vraiment nous-mêmes.

Si tu as fait le vide, tu peux faire le plein d'une Présence, celle de Dieu. Tu n'es plus encombré, mais habité. Tu n'es plus stressé, tendu, mais envahi par une grande paix. C'est un signe qui ne trompe pas : Dieu est là.

Est-ce que je dois forcément dire quelque chose quand je prie ?

Prier, c'est parler au plus profond de soi-même en sachant que l'on est écouté. Mais la prière peut être aussi silencieuse. En effet, il ne suffit pas de parler, il faut aussi accueillir la présence de Dieu, l'écouter. Pour cela, il faut se taire. Il y a parfois des conversations étonnantes : un seul parle et l'autre peut ne rien dire. C'est alors un monologue et non un dialogue.

Élie [✻ p. 72], lui, avait sans doute beaucoup de choses à dire. C'était le trop plein. Il n'en pouvait plus. Il est parti, il a marché longtemps dans le désert, puis il est entré dans une caverne. Alors, raconte la Bible, il y eut un ouragan, mais Dieu n'était pas dans cet ouragan… Puis un tremblement de terre, et encore du feu. Finalement, il y eut comme le murmure d'une brise légère. Une manière poétique de dire que tout s'était apaisé en lui.

Sans doute les mots se bousculaient-ils dans sa tête et dans son cœur. Mais, petit à petit, la paix est revenue, signe certain de la présence de Dieu. C'est alors qu'il a reçu le message de ne plus fuir, mais de rebrousser chemin. Quand la paix revient, il est à nouveau possible d'entendre la voix des autres.

N'hésite donc pas, quand tu es à bout, à aller te promener, sans trop d'idées en tête et sans trop de paroles à dire, de formules à réciter. Petit à petit, tu verras les choses autrement et Dieu pourra t'adresser la parole car, après tout, il a peut-être autant de choses à dire que toi !

Dans la prière, c'est nous qui demandons des choses à Dieu, ou c'est l'inverse ?

La prière est un dialogue. Parfois, tu demanderas des choses à Dieu, parfois c'est Dieu qui te demandera quelque chose. La mission des grands prophètes commence toujours par un appel divin. Jérémie s'est senti appelé : « Avant même de te former dans le ventre de ta mère, lui dit Dieu, je t'ai choisi comme prophète pour les nations. » Et Dieu a dit à Isaïe : « Va, et tu diras à ce peuple : Écoutez… » Rappelle-toi encore la jeune fille de Nazareth, Marie, appelée à devenir la mère du Sauveur. Et, plus proche de nous, Mère Teresa. Elle était enseignante dans une école à Calcutta et s'est sentie appelée à rejoindre les pauvres dans la rue. Dieu avait besoin d'elle pour leur dire sa tendresse et son amour.

Se mettre en prière, c'est donc prendre un risque ! Dieu peut toujours nous demander quelque chose. Écoute ce petit dialogue entre un croyant et Dieu : « Mon Dieu, veille sur les réfugiés, les sans-abris, les drogués, les démunis et les victimes de la violence », disait le premier. Et Dieu répondit : « J'allais te demander exactement la même chose ! » Le cardinal belge Suenens disait : « Il ne faut pas prier jusqu'à ce que Dieu nous entende, mais jusqu'à ce que nous entendions ce que Dieu souhaite de nous. »

Pourquoi être précis dans ses prières alors que Dieu sait tout ce dont on a envie et besoin ?

Tu as raison. « Avant qu'un mot ne parvienne à mes lèvres, déjà, Seigneur, tu le sais », dit un psaume (138, 4). Et un autre : « Je tiens mon âme égale et silencieuse ; mon âme est en moi comme un enfant, comme un petit enfant contre sa mère » (130, 2). Jésus lui-même a dit : « Lorsque vous priez, ne rabâchez pas comme les païens : ils s'imaginent qu'à force de paroles ils seront exaucés. » Et il a ajouté : « Votre Père sait de quoi vous avez besoin avant même que vous l'ayez demandé » (Matthieu 6, 7-8).

La prière, c'est moins un exercice de paroles que l'ouverture à Dieu. Prier, c'est s'en remettre à lui dans la confiance. Ne cherche donc pas d'abord ce qu'il faut dire, mais ouvre ton cœur. Cela ne signifie pas que les mots sont tout à fait inutiles. Ils nous aident à trouver l'attitude juste. Il y a de si beaux recueils de prières dans la Bible : ce sont les Psaumes, mais peut-être as-tu aussi d'autres textes dans ton coin prière.

Un jour, le saint curé d'Ars interrogea un homme qui se tenait immobile et silencieux au fond de son église. Que faisait-il là ? L'homme répondit : « Je l'avise, et il m'avise. » Un vieux mot français pour dire qu'il regardait Dieu, et que Dieu le regardait.

Dieu s'intéresse-t-il à ma vie, à toute ma vie ?

Bien sûr ! Et pas seulement à la tienne, mais à celle de tous. « J'ai vu la misère de mon peuple », dit la voix de Dieu dans le buisson ardent (Exode 3, 7). Tout le message de Jésus va dans ce sens. Il a une image amusante : « Même vos cheveux sont tous comptés » (Matthieu 10, 30). Les ordinateurs du Paradis doivent être particulièrement performants !

Nous avons du mal à imaginer l'amour de Dieu. Il dépasse toute connaissance. Nous n'avons, pour y parvenir, que nos expériences humaines. Pense à l'amour d'une maman pour son nourrisson. Le moindre de ses cris est entendu, analysé, commenté. Elle essaye de trouver la bonne réponse. Le prophète Isaïe fait dire à Dieu : « Est-ce qu'une femme peut oublier son petit enfant ? Même si elle pouvait l'oublier, moi, je ne t'oublierai pas » (Isaïe 49, 15). Dieu est un Père qui nous aime comme une mère, pourrait-on dire ! Un amour tellement plus riche que ce que nous arrivons à vivre sur cette terre. Sache que tu es aimé de manière unique. Vis dans la confiance. Tu es enfant de Dieu, dit Jésus. Si déjà les fleurs des champs sont si bien habillées et les oiseaux du ciel si fidèlement nourris, que dire de toi ? Cela ne t'épargnera sans doute pas les souffrances et les difficultés, mais se savoir aimé change tout. Et si tu es autant aimé, il te faut aimer à ton tour. Sinon, ce n'est qu'égoïsme.

Qu'est-ce que ça veut dire méditer, faire oraison ?

Méditer signifie réfléchir, penser. Le grand philosophe Descartes a écrit un livre appelé *Méditations*. Faire oraison signifie davantage prier, s'adresser à Dieu. Ainsi, on parle de l'oraison dominicale (*Dominus* signifie, en latin, le Seigneur), c'est-à-dire la prière enseignée par Jésus : le Notre Père. Il n'empêche que, dans le domaine religieux, ces deux mots – méditer et faire oraison – sont souvent synonymes, ayant tous deux été utilisés par les grands priants de l'histoire de l'Église.

Dans l'Évangile, il nous est dit que « Marie retenait tous ces événements et les méditait dans son cœur » (Luc 2, 19). Elle se rappelait l'annonce de l'ange, la naissance de Jésus, la visite des mages, mais aussi la fuite en Égypte ou encore les retrouvailles avec Jésus dans le Temple lorsqu'il avait douze ans. Souvent, la prière consiste à se rappeler ce que l'on a vécu, à le méditer pour y voir la trace de Dieu et lui dire merci.

Toi aussi, tu peux repasser dans ta mémoire les grands événements de ta vie ou ceux des derniers jours, et les relire, en méditer la signification, y découvrir la présence de Dieu. Tu peux également prendre un texte de l'Évangile, ou même un autre qui te parle de Dieu, et le méditer, c'est-à-dire le lire lentement, essayer de le comprendre, de voir le « fruit » que tu peux en tirer, ce qui peut te faire grandir…

N'oublie pas, après avoir médité, de dire quelque chose à Dieu, de lui exprimer un merci, une prière, une demande de pardon…

Qu'est-ce que c'est adorer ?

Adorer, c'est placer au-dessus de tout, préférer à tout le reste. J'adore le chocolat, dit-on parfois, manière d'exprimer que l'on est prêt à toutes les gourmandises. Adorer Dieu, c'est être prêt à tout pour lui, même à donner sa vie. Au cours des siècles, en effet, des croyants ont préféré mourir plutôt que de renoncer à leur foi.

L'adoration est la clé de la prière : je laisse tout pour passer un moment avec Dieu, pour entretenir ma relation avec lui. Je me ressource en lui. Sais-tu que l'abbé Pierre, si soucieux des pauvres et des exclus, accordait une très grande importance à l'adoration ? C'est aussi dans l'adoration que l'on peut retrouver la paix du cœur. Saint François d'Assise est passé par un moment très difficile dans sa vie. Il a retrouvé la paix quand il a pu murmurer : « Dieu est et cela suffit ! »

Écoute Marie-Amélie, une jeune de ton âge : « Pour moi, l'adoration c'est une rencontre avec Dieu. C'est une prière renforcée qui nous aide à mieux lui parler. C'est une chose que l'on devrait faire plus souvent car, dans nos prières normales, on ne prend pas toujours le temps et on ne la fait pas toujours de la bonne façon. Adorer Dieu, c'est l'aimer plus que jamais et c'est une manière pour nous de lui montrer notre amour. »

VI

Qu'est-ce que l'adoration du Saint-Sacrement ?

Jésus nous a donné un signe de sa présence, l'hostie : le Pain de vie, son corps livré pour nous. Parfois les chrétiens se rassemblent pour un temps de prière que l'on appelle adoration. Ils mettent sur l'autel le « Saint-Sacrement », ce pain qui est le corps du Seigneur Jésus, et ils prient devant lui, ils l'adorent.

Quand on aime très fort quelqu'un, on cherche à être près de lui. Même si on n'a rien de spécial à lui dire, on aime sentir sa présence à nos côtés. L'adoration du Saint-Sacrement consiste à se mettre devant Jésus et tout simplement lui dire : « Je suis bien près de toi. » C'est accueillir en silence le cadeau qu'il me fait : « Ceci est mon corps livré pour toi. »

Pendant ce temps de prière, il arrivera sans doute que l'on soit distrait. Peu importe. Même avec tes copains, tu es parfois « ailleurs ». Mais est-ce une raison pour les abandonner ? L'essentiel est d'être bien près de Jésus et de le lui répéter de temps en temps. Cela réjouit tant son cœur et nous fait grandir dans l'amour. Quand tu remarques que ton esprit s'évade, regarde à nouveau l'hostie et dit : « C'est pour toi, Jésus, que je suis ici. »

Quand je vois une belle chose dans la nature, j'ai envie de prier, mais que dire ?

Si, face à un magnifique paysage, tu as envie de prier… tu es déjà en prière ! La prière, c'est un mouvement du cœur vers Dieu. C'est justement ce qui vient de t'arriver. Devant la beauté de la nature, tu ne t'es pas contenté de réciter ton cours de géographie, mais tu as eu envie de dire merci, de louer, de chanter celui qui t'offre pareil spectacle. Tu ne dois donc pas nécessairement chercher des mots, tu risquerais d'y perdre ta spontanéité.

Ou alors, tu peux quand même laisser monter un chant sur tes lèvres, comme celui-ci : « Mon Dieu, tu es grand, tu es beau, Dieu vivant, Dieu Très-Haut, tu es le Dieu d'amour. Mon Dieu, tu es grand, tu es beau, Dieu vivant, Dieu Très-Haut, Dieu présent en toute création. » Tu l'as sans doute déjà entendu et tu en connais peut-être l'un ou l'autre des couplets. Souvent, on chante spontanément quand on est heureux. Tu trouveras aussi dans la Bible de beaux Psaumes pour admirer la nature et en remercier Dieu.

Sache cependant que Dieu se contente de très peu. Il ne cherche pas de beaux discours, mais ton cœur d'enfant. Une maman n'est-elle pas toute heureuse d'entendre son nourrisson qui gazouille ?

Faire un sacrifice, un effort, est-ce aussi prier ?

Un sacrifice, c'est renoncer à quelque chose pour autre chose de plus important. Il y a des gens qui sacrifient leur vie pour le sport ou pour une grande passion. Ici, bien sûr, tu veux parler d'un sacrifice pour Dieu. Faire un effort signifie un peu la même chose. Il s'agit d'orienter toute sa volonté et ses actes vers Dieu. De choisir quelque chose qui peut lui plaire plutôt que quelque chose qui peut te plaire, de faire une bonne action pour quelqu'un au lieu de te mettre devant la télé, par exemple. Est-ce une prière ? D'une certaine façon, oui, puisque cela te rapproche de Dieu.

Un viticulteur m'a dit un jour que la vigne plantée dans un terrain facile donnait un vin moins bon que celle qui avait ses racines dans un sol rocailleux et qui devait faire des efforts pour survivre. Elle devait faire pousser ses racines au milieu des pierres, déjouer les obstacles, se frayer des chemins pour trouver sa nourriture. Eh bien, c'est pareil pour nous : on n'aime pas toujours faire des efforts, mais on découvre un jour que ce sont ces efforts fournis qui donnent du goût et du prix à la vie !

Qui es-tu Élie ?

« Je suis le prophète du seul Dieu »

« Je suis un prophète passionné, et ce n'est pas peu dire. Je suis le prophète du seul et unique Dieu. Celui d'Israël. Il n'y en a pas d'autres, crois-moi. Par contre, les prophètes des faux dieux sont nombreux. Et la reine Jézabel est de leur côté. Un jour, j'ai voulu prouver que leurs dieux n'existaient pas. J'ai rassemblé ces prophètes sur le mont Carmel et là, ensemble, nous avons construit un énorme bûcher pour offrir un sacrifice, comme on le fait dans toutes les religions.
Je les ai invités alors à demander à leurs dieux de mettre eux-mêmes le feu à ce bûcher. Ils ont prié, ils ont crié, ils ont supplié. Résultat nul. Puis, animé d'une confiance folle en ce Dieu auquel j'ai donné le meilleur de ma vie, j'ai invité mes serviteurs à verser de l'eau sur le bois. Une fois, puis j'ai doublé la dose, puis je l'ai triplée. Et cependant le feu venu du ciel a embrasé le bûcher détrempé… Triomphe total. Ces faux prophètes m'en ont beaucoup voulu…

J'ai alors touché le fond du découragement. J'ai fui au désert. Je me suis assis sous un genêt, ne désirant que mourir. Je me suis endormi. Le Seigneur est venu à mon secours. "Lève-toi et mange", m'a-t-il dit par son ange. J'ai trouvé une

galette cuite et une gourde d'eau. Réconforté, je me suis mis à marcher pendant quarante jours et quarante nuits jusqu'à l'Horeb, la montagne de Dieu. Et là, j'ai vécu une expérience que je n'oublierai jamais. Je suis entré dans une caverne. Là, Dieu me dit qu'il allait passer devant moi. Il y eut un ouragan, mais Dieu n'était pas dans l'ouragan. N'était-ce pas encore l'ouragan de ma colère ? Puis un tremblement de terre, et encore du feu. Mais Dieu n'y était pas. Enfin, il y eut le murmure d'une brise légère, comme la confidence d'une douce présence. C'était le Seigneur. Je me suis voilé la face. Il m'a dit tout simplement : "Retourne par le même chemin." Et cette fois, j'en ai trouvé la force en moi. Sans doute venait-elle de lui… »

Retrouve Élie dans la Bible dans les livres des Rois (1 Rois 17-21 et 2 Rois 1-2).

Qui prier
et avec qui ?

Est-ce bien de prier à plusieurs, en famille, entre amis ?

« Là où deux ou trois sont réunis en mon nom, je suis au milieu d'eux », disait Jésus. Se réunir pour prier est donc excellent. Dès le début de l'Église, on voit les apôtres se rendre au Temple pour louer Dieu ensemble. Tel est bien le sens de la messe : alors que chacun pourrait prier chez soi, on se rassemble pour faire communauté et unir nos voix dans la louange.

Si tu peux prier avec ta famille, c'est une belle démarche. Tu apprendras à tisser des liens avec le Seigneur et tes parents auront la joie de te transmettre leur foi. C'est un moment précieux pour se retrouver et retrouver le Seigneur. Le grand écrivain français Antoine de Saint-Exupéry a cette phrase bien connue : « S'aimer, ce n'est pas se regarder l'un l'autre, c'est regarder ensemble dans la même direction. » Quand, en famille, on regarde ensemble vers Dieu, on se sent enveloppé de beaucoup d'amour et de force.

Est-ce que je peux prier avec mon chat ?

Et pourquoi pas ? Il est aussi une créature de Dieu, comme toi. Sais-tu que saint François d'Assise chantait la louange de Dieu aux oiseaux ? Tu ne trouveras cependant pas de trace de chat dans l'Évangile ! À cette époque-là, les animaux étaient surtout utiles. De nos jours, ils nous tiennent compagnie.

Par contre, si tu m'avais demandé : mon chat peut-il prier avec moi ? j'aurais été plus hésitant. Un animal, en effet, ne prie pas. Pour prier, il faut être doué d'intelligence et de volonté. Même si les animaux ne sont pas toujours bêtes, il y a quand même une grosse différence entre toi et eux. La Bible le dit clairement : seuls l'homme et la femme ont été créés à l'image et à la ressemblance de Dieu, c'est-à-dire capables d'aimer comme lui. Ce qu'un animal fait par instinct, toi, tu peux le faire librement (et donc aussi refuser de le faire). La prière est le lien libre qu'un enfant tisse avec son Père des cieux, elle est le propre de l'être humain.

Et puis-je prier *pour* mon chat ? Oui, d'une certaine façon. S'il te tient à cœur, tu auras envie de parler de lui à Dieu. Mais je t'inviterais surtout à prier pour que les créatures humaines respectent davantage la nature et le monde animal. Ils sont un cadeau de Dieu. Notre responsabilité est de transmettre aux générations futures une planète habitable et belle.

Prier Jésus, est-ce aussi prier Dieu ?

Dans l'Évangile, beaucoup de gens viennent prier Jésus : « Aie pitié de moi ! », crie l'aveugle Bartimée à l'entrée de Jéricho (Marc 10, 47). Souviens-toi aussi de la prière des Apôtres : « Seigneur, augmente en nous la foi ! » À celui qui le prie, Jésus répond souvent : « Ta foi t'a sauvé ! » Ta foi – c'est-à-dire ta confiance – en la vie, en toi, en moi, en Dieu notre Père…

À la messe, c'est presque toujours à Dieu notre Père que le prêtre s'adresse, mais « par Jésus », en étant uni à lui. Les prières se terminent en général par cette expression : « Par Jésus, ton Fils, notre Seigneur… » Rappelle-toi ce moment solennel, juste avant le Notre Père : « Par lui (Jésus), avec lui et en lui, à toi, Dieu le Père tout-puissant, dans l'unité du Saint-Esprit, tout honneur et toute gloire pour les siècles des siècles. » Et l'assemblée répond : « Amen ! » Juste avant la communion, cependant, le prêtre s'adresse plusieurs fois à Jésus lui-même.

Tes parents ont bien eu raison de t'apprendre à parler au « petit Jésus ». Jésus fait le lien entre Dieu et nous. Il est l'Emmanuel, ce qui veut dire « Dieu avec nous ». S'adresser à lui, c'est donc aussi rencontrer Dieu, le prier. N'oublie cependant pas de te tourner avec lui vers le Père des cieux.

Si on n’ose pas demander quelque chose à Dieu, peut-on le demander à Marie ?

Les chrétiens – particulièrement les catholiques – aiment voir en Marie celle qui « intercède » pour nous, celle qui intervient en notre faveur avec douceur et bonté. Tu connais certainement l’épisode des noces de Cana. Jésus, sa mère et ses disciples avaient été invités à un mariage et il n’y eut pas assez de vin, ce qui est triste pour une fête. Marie a alors demandé à Jésus d’intervenir, puis elle a dit aux serviteurs : « Faites tout ce qu’il vous dira ! » (Jean 2, 1-11).

Tu te rappelles la fin de l’histoire : l’eau a été changée en vin, et un meilleur qu’au début du repas ! C’est avant tout une image, bien sûr. Par ce récit, saint Jean veut nous faire comprendre que l’alliance entre Dieu et son peuple était à bout de souffle. Jésus est venu la renouveler. C’est un « Nouveau Testament », bien plus beau que le premier.

On peut aussi voir dans ce passage une illustration du rôle de Marie. Dans le même Évangile, on entendra Jésus, sur la croix, dire au disciple bien-aimé : « Voici ta mère. » Marie est donc une maman pour nous. Si tu es plus à l’aise avec elle, n’hésite pas. Mais, à mon avis, là-haut, ils sont tous d’accord ! Ils ne jouent pas l’un contre l’autre, ni l’un sans l’autre !

Surtout, n’oublie pas le message de Marie : « Faites tout ce qu’il vous dira ! » Son plus grand souhait, c’est que tu suives Jésus, que tu écoutes sa parole et la mettes en pratique.

Qu'est-ce que le Magnificat ? Peut-on le dire nous aussi ?

Lorsque Marie apprend qu'Élisabeth est enceinte, toute joyeuse, elle se met en route vers le haut pays de Judée pour aller l'aider. Dès son arrivée, sa cousine, restée longtemps sans enfant, se réjouit – nous dit saint Luc – de la visite de celle qui porte en elle tout l'espoir de son peuple.

Marie répond à la salutation d'Élisabeth par le Magnificat, une louange adressée à Dieu. Cette prière dit l'étonnement de Marie d'avoir été élue pour une telle mission : celle d'être la mère du Christ.

Les premiers versets pourraient se traduire ainsi : « Je chante à mon Seigneur le plus beau des mercis, car il a regardé l'humble enfant que je suis. » Et Marie continue en chantant la fidélité de Dieu : « Son amour s'étend d'âge en âge sur tous ceux qui croient en lui. » Elle proclame ensuite l'action de Dieu au long des siècles.

Il faut le reconnaître, ce chant est quelque peu « révolutionnaire ». Dieu remet les puissants à leur place, il élève les petits et les humbles. On peut déjà y reconnaître toute l'action de Jésus qui donnera toujours priorité à ceux qui sont exclus. « Heureux les pauvres », proclamera-t-il dès le début de sa prédication.

Chaque soir, dans les abbayes, le Magnificat est chanté, les prêtres le récitent aussi dans leur bréviaire, ce livre de leur prière quotidienne. Tu peux aussi l'adopter [✻ p. 126]. C'est une belle manière de remercier le Seigneur pour son amour et sa fidélité durant la journée écoulée. Mais pour le prier en vérité, il faut que tu acceptes de changer ton regard : ce sont les petits qui, aux yeux de Dieu, méritent toute notre attention.

Qu'est-ce que l'Angélus ?

« L'ange du Seigneur a porté l'annonce à Marie. » Ainsi commence l'Angélus, mot qui signifie « ange » en latin. Cette prière rappelle qu'un jour, il y a plus de deux mille ans, une jeune fille – de 15 ou 16 ans, sans doute – s'est vue invitée à devenir la mère du Sauveur. Elle a dit oui et « elle a conçu du Saint-Esprit », poursuit la prière dialoguée. « Voici la servante du Seigneur – Qu'il me soit fait selon ta parole. – Et le Verbe s'est fait chair. – Et il a habité parmi nous. » Tel est le cœur de la foi chrétienne. Cette dernière phrase vient en effet de l'évangile de saint Jean. Le Verbe, c'est la Parole de Jésus. La chair, c'est notre condition humaine.

L'Angélus est l'une des prières les plus populaires de la chrétienté. Aujourd'hui encore, beaucoup la récitent trois fois par jour, à l'invitation du clocher de l'église. Si tu fais attention, tu remarqueras que, le matin, à midi et le soir, les cloches sonnent sur un rythme particulier : trois coups, trois coups, trois coups et, ensuite, à la volée. À Rome, le pape introduit l'Angélus chaque dimanche midi par une petite méditation.

Quand tu entendras sonner les cloches, rappelle-toi : « Dieu a tant aimé le monde qu'il a donné son Fils unique » (Jean 3, 16). Ce sera une occasion de te réjouir de cette audace de notre religion : Dieu s'est fait homme, il a voulu être profondément uni à notre humanité.

Les anges au ciel, prient-ils ?

Dans la Bible, les anges ont deux fonctions : être messagers de Dieu (c'est d'ailleurs ce que leur nom signifie) et chanter sa gloire. Rappelle-toi le beau récit de la naissance de Jésus à Bethléem. Lors de l'annonce aux bergers, une troupe céleste louait Dieu en disant : « Gloire à Dieu au plus haut des cieux, et paix sur la terre aux hommes qu'il aime » (Luc 2, 14). Un célèbre cantique de Noël nous le rappelle chaque année : « Les anges dans nos campagnes ont entonné l'hymne des cieux… »

As-tu déjà vu des anges ? Non, me diras-tu sans doute. Alors, va visiter des églises. Tu en découvriras des représentations un peu partout, sculptées dans le bois ou dans la pierre, peintes sur la toile ou sur les plafonds, dessinées sur les vitraux. En guise de prière, ils jouent du violon, de la trompette, de la flûte et encore de bien d'autres instruments disparus aujourd'hui. À Gand, sur le célèbre triptyque de l'Agneau mystique qui représente le ciel, on voit de nombreux anges musiciens. À leur manière, ils nous rappellent la beauté de la louange de Dieu.

Peut-on prier aussi le Saint-Esprit ?

« Viens, Esprit Créateur ! » Ainsi commence l'une des prières les plus connues au Saint-Esprit : le *Veni Creator Spiritus* [❊ p. 118]. Habituellement, il est vrai, on prie plutôt le Père de nous envoyer l'Esprit Saint. Jésus lui-même, la veille de mourir, disait à ses apôtres qu'il prierait son Père pour qu'il envoie sur eux le « Paraclet », c'est-à-dire le défenseur, celui qui soutient les croyants dans leur combat pour l'Évangile.

Lors de l'Eucharistie, on prie le Père d'envoyer le Saint-Esprit sur le pain et sur le vin, pour qu'ils deviennent le corps et le sang du Christ. Après le récit du dernier repas de Jésus, le prêtre demande que cet Esprit rassemble tous ceux qui vont partager le même pain et boire à la même coupe en une seule famille, celle des enfants de Dieu.

Le rôle du Saint-Esprit est de nous garder unis. Il nous conduit aussi vers la vérité, il est notre force d'amour et anime notre prière. « Combien plus le Père céleste donnera-t-il l'Esprit Saint à ceux qui le lui demandent », disait Jésus à ses disciples pour les inviter à prier avec confiance (Luc 11, 9-13).

Lire la Bible, est-ce prier ?

Prier, c'est écouter Dieu. Or, dans la Bible, par ces 74 livres qui forment une « histoire sainte », Dieu nous adresse la parole. Ceux qui les ont écrits – avec l'aide de l'Esprit Saint – ont été attentifs aux appels de Dieu dans la vie du peuple hébreu et dans celle de Jésus. Les grands personnages bibliques peuvent aussi nous aider à faire l'expérience de Dieu, tu l'auras remarqué en lisant les portraits dans ce livre.

Au temps du régime soviétique, en Russie, les croyants étaient pourchassés et ceux qui gardaient une bible chez eux, étaient jetés en prison. Une mère de famille ne voulut cependant pas s'en défaire. Elle cacha précieusement le livre sacré. Mais un jour, par la fenêtre, elle vit venir la police, tandis qu'elle pétrissait le pain. Aussitôt, elle enfouit la bible dans la pâte et mit le tout au four. Après avoir fouillé, les hommes s'en allèrent bredouilles. Le soir, sur la table, il y avait un magnifique pain doré. À l'intérieur, la parole de Dieu… Elle est vraiment nourrissante !

Dieu s'est manifesté à travers les récits de la Bible, mais tu peux aussi chercher sa présence dans les événements de l'actualité.

Qu'est-ce que les Psaumes ?

Ce sont des poèmes de la Bible. On dit qu'ils ont été écrits par David. Ils n'ont pas tous été composés par lui, mais sont mis sous son patronage [※ p. 40].

Les moines et les moniales prient beaucoup avec ces textes. C'est même l'essentiel de leur prière commune. On y trouve en effet tous les sentiments humains vis-à-vis de Dieu et vis-à-vis des autres : la louange, le doute, la peur, la colère. Être moine, en effet, ce n'est pas suivre son petit chemin de sainteté à soi, rien que pour soi. Les moines font monter vers Dieu toute la prière de l'humanité. Ils sont la voix des sans-voix, de ceux qui n'osent pas s'adresser à Dieu, qui n'en ont pas le temps, ou qui l'ignorent. La vie monastique est un peu le « service public » de la prière. Les moines et les moniales louent donc Dieu au nom de toute l'humanité, mais ils lui adressent aussi les supplications et les cris de détresse de leurs frères et sœurs. Jésus, comme tous les juifs, priait beaucoup les Psaumes. L'Évangile nous dit qu'il les a encore récités avec ses disciples avant de partir au Jardin des Oliviers.

Pourquoi toujours les mêmes prières à la messe ?

Tu pourrais aussi demander pourquoi les prières de la messe varient ! Certaines, en effet, reviennent régulièrement et d'autres changent chaque fois. La messe est un rite. Il y a donc des répétitions, et de la nouveauté. Tous les gâteaux d'anniversaire sont différents, ne fût-ce que par le nombre de bougies, mais il n'y a rien qui ne ressemble plus à un gâteau d'anniversaire qu'un autre !

À la messe, quelques prières reviennent invariablement : le Notre Père, le Gloire à Dieu (sauf pendant l'Avent et le Carême), le Je crois en Dieu (il y a deux formules différentes)... Et aussi « Saint ! Saint ! Saint ! le Seigneur... » et l'Agneau de Dieu. Ou les paroles de Jésus à la Dernière Cène : « Faites ceci en mémoire de moi. » Il y a également des petits dialogues : « Le Seigneur soit avec vous – Et avec votre esprit ! »

Pour d'autres prières, le prêtre a le choix. Et, pour chaque jour, des prières spéciales ont été écrites. On ne demande pas la même chose à Dieu à Noël ou le Vendredi saint. Les « intentions de prières » sont souvent rédigées par quelqu'un de l'assemblée. De plus, certains prêtres ajoutent des petites phrases, ou improvisent plus largement. Car un rite peut devenir endormant si on ne veille pas à le garder vivant...

Pourquoi répète-t-on la même prière quand on dit le chapelet ?

Dans toutes les religions, il y a des prières répétitives. Mais tu penses peut-être à Jésus qui n'aimait pas que les gens rabâchent en pensant se faire mieux entendre de Dieu (Matthieu 6, 7). Ce n'est évidemment pas de cela qu'il est question avec le chapelet ! La répétition de la même formule a pour but de nous mettre en état de prière. Cela n'a rien de magique. Les mots répétés avec tendresse expriment la confiance que nous avons en Marie et en Dieu. Si l'on répète dix fois l'Ave Maria, c'est aussi peut-être pour qu'il y ait au moins une des dix fois où l'on fasse attention à ce que l'on dit !

Beaucoup de chrétiens qui pratiquent cette forme de prière méditent sur la vie de Jésus durant le temps de la récitation. Un rosaire est une suite de quatre chapelets durant lesquels on contemple les « mystères » – les épisodes de la vie – de Jésus et de Marie. Il y a les mystères joyeux (Noël, par exemple), douloureux (la mort de Jésus sur la croix), glorieux (la résurrection de Jésus) et ceux que le pape Jean-Paul II a ajoutés : les mystères lumineux (dont la Transfiguration de

Jésus sur la montagne). Le premier jour de la semaine, on peut prendre les mystères joyeux, le lendemain, les douloureux, et ainsi de suite. C'est finalement une manière très simple de prier, de consacrer du temps à Dieu, de méditer…

Il ne s'agit pas de réussir à se faire entendre de Dieu, mais de trouver le chemin du cœur. Ces mots lentement répétés créent un climat de cœur à cœur avec Notre Dame pour contempler, avec elle, son Fils. Ce n'est évidemment pas une obligation, mais cela convient bien à certains tempéraments. Peut-être préféreras-tu ne prendre qu'une seule prière, mais t'arrêter après chaque mot. Ainsi pour le Notre Père ou le Je vous salue Marie.

Peut-on prier avec des mots très simples ?

J'espère bien ! Certaines prières que l'on récite parfois à l'église utilisent un vocabulaire religieux qui n'est pas celui de la vie courante. Il faut le connaître. Chaque religion a son langage propre, un peu comme chaque pays a sa langue maternelle. Il y a des cours de français, il peut aussi y en avoir de religion : c'est la catéchèse.

Pour prier, cependant, tu n'es pas obligé d'utiliser uniquement des textes déjà écrits. Parfois, il suffit d'un mot pour dire à Dieu ce qui habite ton cœur, et même un soupir, un mouvement du cœur ou encore l'envie de chanter. Devant un beau paysage, un « waouh ! » peut exprimer l'admiration que tu as pour le créateur de ces merveilles. Dans un moment de difficulté, tu peux simplement soupirer « Mon Dieu » ou lui adresser un « Aide-moi, Seigneur ! » Et plus simplement encore, tu peux dire « bonjour » à Dieu chaque matin et « bonsoir » à la fin de chaque journée, pour le plaisir de le retrouver à ces deux moments, comme on retrouve un ami. Tu peux encore lui lancer d'autres petites phrases. À toi de les trouver !

Qui est donc Marie?

« La servante du Seigneur »

« Je m'appelle Jean. J'ai écrit le quatrième évangile où je me présente sous le nom du "disciple bien-aimé". Au pied de la croix, Jésus m'a confié sa mère. Souvent, j'ai entendu Marie me raconter ses souvenirs. Saint Luc les a rapportés dans son évangile.

Elle était encore jeune lorsqu'elle entendit l'ange lui adresser l'appel de Dieu à être la mère du Sauveur. Elle a eu cette belle réponse : « Je suis la servante du Seigneur, qu'il me soit fait selon ta parole. » Joseph, de son côté, quand il a appris que sa fiancée était enceinte sans qu'ils aient vécu ensemble, a eu de la peine à comprendre, mais, en songe, Dieu l'a invité à prendre chez lui son épouse. C'est ainsi que, quelques mois plus tard, ils partirent tous deux à Bethléem où l'empereur Tibère organisait un recensement. L'heure où Marie devait accoucher arriva et ils ne trouvèrent qu'une étable.

Marie était très émue lorsqu'elle se rappelait la visite des bergers, puis celle des mages. Mais ce temps de joie fut suivi d'une grande tristesse. Comme le cruel roi Hérode en voulait à l'enfant, ils durent fuir en Égypte. Enfin, un jour, ils purent rentrer

à Nazareth où Jésus apprit à prier sur les genoux de sa maman. Saint Luc raconte aussi comment, à l'âge de douze ans, il resta plus longtemps que prévu au Temple, pour parler avec les savants de son Père des cieux.

Vers l'âge de trente ans, le jeune charpentier – il avait appris le métier de Joseph – quitta Nazareth, se fit baptiser dans le Jourdain par son cousin Jean et se mit à prêcher : « Convertissez-vous ! répétait-il sans cesse. Le Royaume de Dieu est tout proche. » Et pour nous y inviter, il guérissait les malades, ouvrait les yeux des aveugles, faisait bondir les boiteux. Surtout, il était proche de ceux qui se sentaient loin de Dieu, les pécheurs. Les gardiens de la religion voyaient cela d'un mauvais œil. C'est ainsi qu'il fut livré à Pilate pour être condamné à mort.

Avec Marie, j'étais là au pied de la croix. À elle, il a dit : « Femme, voici ton fils. » Et à moi : « Voici ta mère ! » Peut-être, dans le secret de son cœur, a-t-elle été la première à savoir qu'il était ressuscité. Les mamans devinent tant de choses. Quelques semaines plus tard, nous étions ensemble avec les autres apôtres pour prier dans l'attente du Saint-Esprit. Ce fut une belle Pentecôte !

Retrouve l'histoire de Marie dans les évangiles, notamment celui de Luc.

Prier
même si c'est dur

Si j'ai des distractions pendant la prière, est-ce grave ?

Mais tout le monde en a, tu sais ! Je me souviens d'Aline, 11 ans. C'était à Lourdes, devant la Grotte. Ayant vécu un beau moment de prière, elle voulut me le faire partager : « Je priais et je ne priais pas. Je ne sais pas si vous comprenez. » J'avais, en fait, très bien compris. Elle voulait m'expliquer qu'il y avait des moments où elle parlait à Dieu et d'autres où elle regardait autour d'elle. Et pourtant, ce moment avait été intense. Elle sentait sans doute qu'elle était en présence de Quelqu'un. Notre prière n'est pas toujours parfaite, mais Dieu en fait quand même quelque chose.

On raconte que saint François d'Assise tressait un jour un panier en osier. Quelques heures plus tard, frère Léon fut bien étonné de voir brûler ce panier. « N'était-il pas réussi ? – Oh si ! répondit François. Trop réussi ! » Et le saint homme raconta que ce panier était tellement beau qu'il l'avait distrait dans la prière. Il en était trop fier. « Mais si on devait brûler tout ce qui nous distrait dans la prière, réagit frère Léon. – Non, bien sûr, mais cette fois-ci, c'était trop ! »

Rassure-toi, je ne voudrais pas que tu brûles tout ce qui te distrait dans la prière. Mais, comme saint François, il est parfois intéressant d'observer ce qui nous distrait. Cela en dit long sur nos préoccupations. Interroge-toi : cela mérite-t-il vraiment une distraction ?

Dieu peut-il être fâché ?

À en croire la Bible, oui. Dieu se met souvent en colère. Beaucoup de passages du Premier Testament nous en parlent. Un jour, par exemple, Jérémie fut invité par Dieu à se placer à l'entrée du Temple et à dire à tous ceux qui s'y rendaient : « Cette Maison qui porte mon Nom est-elle donc pour vous une caverne de bandits ? Quant à moi, c'est ainsi que je la vois » (Jérémie 7, 11). Si Dieu est amour, il ne peut accepter n'importe quoi, ni tolérer que l'amour soit défiguré, piétiné. S'il se met en colère, c'est bien la preuve qu'il n'est pas indifférent à ce qui nous arrive, qu'il s'intéresse à nous. Les prophètes qui ont parlé de sa colère perçoivent au fond d'eux-mêmes que le mal contrarie le projet de Dieu. En fait, ce sont eux qui sont en colère. Ils sont passionnés de Dieu et ils savent bien que Dieu ne veut qu'une seule chose : le vrai bonheur de l'homme. Donc, quand la Bible nous parle de la colère de Dieu, elle nous fait passer un message fort : Attention ! Si tu fais le mal, ton chemin est un chemin de mort, tu fais ton malheur et celui des autres, tu compromets le rêve de Dieu.

Pourquoi est-ce que Dieu n'exauce pas toutes nos prières ?

La prière ne consiste pas à demander n'importe quoi, mais à ajuster notre demande à la volonté de Dieu. Pense à la prière de Jésus : « Père, si tu veux, éloigne de moi cette coupe ; cependant, que ce ne soit pas ma volonté qui se fasse, mais la tienne » (Luc 22, 42). La volonté de Dieu n'est pas celle d'un tyran, mais celle d'un Dieu-Père. Nous, nous voyons nos intérêts personnels. Dieu, lui, voit le bien de tous. Il veut que la terre soit habitable pour tous, dans la paix, et que la société soit juste et fraternelle.

Parfois, nous demandons des choses qui ne contribuent pas à sa « gloire », c'est-à-dire au rayonnement de son amour pour chacun. Nos prières, en effet, nous ressemblent : elles sont parfois égoïstes ! Celles-là, Dieu ne peut les exaucer. Parfois aussi, nous demandons des choses bonnes et il semble pourtant ne pas nous entendre. Mais c'est lui qui sait ce qui est bon ; il nous faut donc accepter avec confiance qu'il ne nous exauce pas.

Écoute Jésus : « Votre Père céleste ne donnera-t-il pas l'Esprit Saint à ceux qui le lui demandent ? » (Luc 11, 13). L'Esprit Saint, c'est la vie même de Dieu, son amour. Plus que des choses, il s'agit de demander sa présence à nos côtés. Quand tu as le sentiment que Dieu ne t'écoute pas, pose-toi trois questions : ce que tu lui demandes va-t-il dans le sens de son Règne ou du tien ? Dans tes actes, tes paroles, tes sentiments, ne vas-tu pas à contre-courant de son Royaume ? Et aussi : ne serait-ce pas toi qui es sourd à ses appels ?

La prière est-elle obligatoire ?

Quand tu étais petit, on t'a peut-être appris à dire bonjour à tes parents quand tu te lèves le matin. Cela fait partie de l'éducation. Et aujourd'hui, je suis sûr que tu considères que cela va de soi de saluer tes parents – et les gens que tu connais – quand tu les rencontres. Ce n'est plus pour toi un commandement, mais une attitude normale. De même, on t'a peut-être dit : « As-tu dit tes prières ? » Mais si, aujourd'hui, tu es croyant, il doit te sembler évident qu'il faut maintenir le contact avec Dieu. Sinon, qu'est-ce que la foi ? Seulement un mot dans le dictionnaire ? Dans l'Évangile, Jésus ne dit pas : tu dois prier. Il considère que tout le monde le fait, mais il invite à la persévérance. Il donne non pas des ordres, mais des conseils : inutile de « rabâcher » comme les païens, par exemple. Ce qui compte, c'est la foi que tu mets en ton Père. L'âme de la prière, c'est en effet la confiance.

Si je suis obligé d'obéir à Dieu, suis-je encore libre ?

Les mots sont des pièges. Obéir, sembles-tu dire, c'est être un esclave – ou presque ; être libre, c'est faire tout ce que tu veux. Mais la liberté ne consiste pas à faire n'importe quoi. Ce sont les ailes qui nous ont été données pour nous envoler vers l'horizon, pour inventer notre avenir, pour prendre notre existence en main et réussir nous-mêmes notre vie. Bien sûr, c'est une arme à double tranchant : on peut toujours s'écraser en plein vol. Conduire un avion, cela s'apprend, réussir sa vie aussi.

Dans le mot obéir, en latin, il y a le mot « écouter ». Obéir, c'est donc écouter Dieu, être attentif à ce qu'il nous demande. Et si tu es croyant, tu sais qu'il ne te demandera pas « n'importe quoi ». Il t'a créé et t'aime comme un père, il sait ce qui est bon pour toi. Il ne va pas te dicter ton avenir, mais te conseiller, t'ouvrir des pistes.

Ce qui est important, pour réussir sa vie, c'est d'écouter les autres. La prière te met à l'écoute de Dieu qui te murmure ses secrets. Ils sont toujours d'amour. Essaye de lui obéir, de rester à son écoute, et tu pourras vérifier que l'Évangile est un chemin de vie.

AVENIR
VIE
LIBERTE
VIE

Quand je prie, cela ne regarde-t-il que Dieu et moi ?

Ça dépend ! Si tu affiches sur la porte de ta chambre une pancarte « je prie » pour faire savoir à tous que toi, tu es un bon chrétien, que tu es candidat au calendrier des saints… il vaut mieux la déchirer rapidement ! Jésus a été très sévère pour ces gens-là : « Quand vous priez, ne soyez pas comme ceux qui se donnent en spectacle : quand ils font leurs prières, ils aiment à se tenir debout dans les synagogues [les lieux de prière des juifs] et les carrefours pour bien se montrer aux hommes » (Matthieu 6, 5).

Par contre, que l'on sache que tu es un priant, que Dieu compte pour toi, cela peut être positif. Il ne faut pas se cacher et faire de cette démarche un secret anxieusement gardé. Il ne s'agit plus alors de se mettre en évidence, mais d'être témoin. Si on ne voit jamais quelqu'un prier, comment ceux qui ne connaissent pas Dieu le connaîtront-ils ?

Et ce que tu dis dans ces moments-là, faut-il en parler avec les autres ? Non, car cela ne regarde que Dieu et toi. Il est cependant possible de prier en groupe. Chacun peut alors exprimer tout haut quelque chose de sa prière. Mais la vraie prière est tellement intime que tout ne pourra en être dévoilé. Tu peux en faire une confidence, mais n'en fais jamais un scoop pour les médias !

Que répondre à ceux qui se moquent de moi quand je prie ?

Parfois, quand un copain tombe amoureux et qu'on le voit souvent avec la fille qu'il aime bien, les autres se moquent de lui. Que doit-il répondre ? Ce n'est sans doute pas son problème, il est trop amoureux pour cela. Il est difficile de répondre à une moquerie et, en fait, cela ne sert pas à grand-chose. C'est pareil si on plaisante sur toi parce que tu pries.

Veille cependant à ce que les moqueries ne te découragent pas. « La bave du crapaud n'atteint pas les étoiles », dit un proverbe chinois. Mais ne te prends pas pour autant pour une étoile ! Continue, sans complexe ! La qualité d'un produit se vérifie dans la durée. Celle de la prière aussi.

N'est-ce pas **trop facile** de prier ?

Sans doute veux-tu dire que certains se contentent de prier comme si Dieu allait tout faire à leur place. Mieux vaut un incroyant qui agit qu'un croyant qui ne s'engage pas, penses-tu. Sans doute. Mais ce croyant n'est pas cohérent. Prier ne nous dispense pas d'agir. Être sans cesse dans une attitude de prière, c'est-à-dire de confiance, oui. Être toujours réfugié dans les églises à lever les mains vers le ciel, non. Nos mains, en effet, sont faites aussi pour travailler.

Prière et action sont tout à fait conciliables. Écoute cette belle formule et lis-la attentivement : « Prie comme si tout dépendait de toi et agis comme si tout dépendait de Dieu. » Oui, tu as bien lu : il faut prier comme si tout dépendait de toi. Cela signifie que la prière ne doit pas te transformer en un roi fainéant. Mais il faut agir comme si tout dépendait de Dieu : reste modeste dans ton action, sache que Dieu aussi est à l'œuvre.

Et prier, ça rend heureux ?

Oui ! Un rendez-vous d'amitié rendrait-il malheureux ? Mais je dirais plutôt : la foi, que la prière entretient, rend heureux.

La foi te permet de vivre la vie plus à fond, de déplacer les montagnes… Écoute cette anecdote : un père observait son petit garçon qui cherchait à déplacer un vase de fleurs très lourd. L'enfant se fatiguait, haletait et grommelait, mais ne réussissait pas à bouger le vase d'un seul millimètre. « As-tu vraiment utilisé toutes tes forces ? lui demanda le père. – Oui, répondit l'enfant. – Non ! reprit le père, car tu n'as pas demandé mon aide ! » Prier, c'est utiliser toutes nos forces.

« Prier, dit le grand philosophe Gabriel Marcel, c'est accepter d'être aimé. » La vie est tellement plus belle quand elle n'est pas solitaire. Elle est tellement plus riche quand on s'entraide, que l'on compte sur les autres, en regardant ensemble vers l'avenir. Prier, c'est découvrir Dieu à nos côtés, se laisser aimer par lui et marcher avec lui… Quel bonheur !

Aujourd'hui, tu ne vois qu'un côté de la tapisserie, celui où tu noues tes prières. Un jour, tu verras l'autre côté, tu découvriras ce que Dieu en a fait : une merveille. Et tu comprendras que tes prières t'ont fait grandir, mais peut-être autrement que tu ne l'avais imaginé.

Un vieux moine disait : « Qui prie vit. » Et il pouvait en parler… Il avait essayé tout au long de son existence. Essaie toi-même. Tu verras que ce n'est pas si difficile…

Qui es-tu Paul ?

« Je suis le héraut de l'Évangile »

« Pour être surpris, j'ai été surpris. Je suis hébreu, fils d'hébreu. Je suis même pharisien, c'est-à-dire croyant et pratiquant. J'étais un acharné contre les disciples de ce prophète galiléen mort en croix. J'estimais qu'ils reniaient notre religion. Je les poursuivais et les faisais mettre en prison. Lors d'une expédition à Damas, en Syrie, c'est pourtant lui, le Crucifié, qui m'a converti. J'ai clairement entendu : "Je suis Jésus de Nazareth, celui que tu persécutes." Un tel éblouissement que j'en étais devenu aveugle. Un disciple de Jésus me rendra la vue.

Après des mois de méditation et de réflexion, je suis monté à Jérusalem pour rencontrer les Apôtres. Très vite, ils ont compris que j'étais fait pour annoncer aux païens l'Évangile, la Bonne Nouvelle de celui que j'avais persécuté.

Bientôt la mer Méditerranée n'eut plus de secret pour moi. Je l'ai traversée dans tous les sens, fondant des communautés en Galatie, à

Philippes, à Thessalonique, à Éphèse, à Corinthe… Plus tard, je leur ai écrit pour soutenir leur foi ou régler les problèmes de la vie quotidienne. Partout, je proclamais que tous les hommes et toutes les femmes sont un, sur pied d'égalité, membres d'un même corps. Finie la circoncision, plus question de parler de règles alimentaires… Jésus nous a tous sauvés, quelle que soit notre religion. Cela ne plaisait pas à tout le monde, notamment aux communautés juives qui ne partageaient pas ma foi de converti. Ils m'ont fait jeter en prison, mais j'ai fait appel à l'empereur de Rome car j'étais citoyen romain. C'est enchaîné que j'ai été conduit là-bas. À Rome, tu entends ? Un jour, j'y mourrai décapité. Mais qu'importe ! La Bonne Nouvelle était arrivée au cœur de l'Empire, au centre du monde ! »

Retrouve saint Paul dans les Actes des Apôtres et ses Épîtres.

Quelques prières pour toi

La prière, mode d'emploi

Tu veux prier ? Il n'y a pas besoin de diplôme ! Je te promets que c'est facile, car il suffit que tu essaies, et déjà Dieu t'écoute.

Va dans ta chambre, ferme la porte, mets à l'écart tout ce qui peut te distraire (téléphone portable, lecteur MP3, etc.). Installe-toi dans ton coin prière avec une icône, une bougie ou peut-être quelques fleurs qui représentent ton cadeau à Dieu, comme lorsqu'on veut faire plaisir à quelqu'un.

Fais un beau signe de croix : le Père sur ton front, le Fils sur ton cœur et l'Esprit Saint sur ton épaule gauche et sur la droite : c'est un beau manteau de prière qui enveloppe tout ton corps.

Lis la page 112, « Pour commencer », puis choisis un ou deux textes dans le sommaire (p. 7-8), selon ce dont tu as envie ou besoin : prier Jésus, prier pour un ami, demander pardon, prier avec Moïse si tu aimes bien l'histoire de ce personnage, etc. Lis très lentement et arrête-toi quand un mot te touche le cœur ou qu'une image t'émeut…

Tu peux aussi ouvrir la Bible ou un des quatre évangiles (voir p. 85). Après cette lecture, regarde ce qui se passe, écoute ce qui est dit. Prends quelques minutes de pur silence. Et puis adresse-toi à Dieu, à Jésus, à un des personnages…

Pour achever ton temps de prière, lis page 143 « Pour terminer », et quitte doucement ton coin prière en essayant de garder tout ce qui s'est passé en toi comme un trésor précieux.

Tu peux aussi prier avec ta famille et peut-être pourrez-vous partager à voix haute l'une ou l'autre intention avant de conclure.

Et puis surtout, si tu ne sais pas quoi dire, n'oublie jamais ces trois petits mots (voir p. 36) : **merci**, **pardon**, **voici**…

Au seuil de ta prière

Avant de commencer ta prière,
arrête-toi et calme-toi.
Tiens-toi quelques instants debout ou à genoux.
Pense à Dieu qui est là et te voit.

Au nom du Père
notre Père à tous,
Au nom du Fils
Jésus le Ressuscité,
Au nom du Saint-Esprit
l'hôte de nos cœurs,
Amen !

Notre Père

Notre Père, qui es aux cieux,
que ton nom soit sanctifié,
que ton règne vienne,
que ta volonté soit faite sur la terre comme au ciel.
Donne-nous aujourd'hui notre pain de ce jour.
Pardonne-nous nos offenses,
comme nous pardonnons aussi à ceux qui nous ont offensés.
Et ne nous soumets pas à la tentation,
mais délivre-nous du Mal.

Le Notre Père des enfants

Père du ciel,
notre Père à tous,
je voudrais que chacun te connaisse,
que l'amour règne dans les cœurs
et que tes vœux se réalisent toujours,
sur terre comme au ciel,
puisque tu veux notre bonheur.
Donne-moi chaque jour de quoi vivre
et apprends-moi à partager.
Offre-moi ton pardon
chaque fois que je trébuche
et aide-moi à pardonner à mon tour.
Soutiens-moi dans les moments
où j'ai envie de baisser les bras
et mets-moi à l'abri du mal,
car ton amour est mon rempart pour toujours.
Amen.

Gloire à Dieu

Gloire à Dieu, au plus haut des cieux, et paix sur la terre aux hommes qu'il aime.
Nous te louons, nous te bénissons, nous t'adorons.
Nous te glorifions, nous te rendons grâce, pour ton immense gloire,
Seigneur Dieu, Roi du ciel, Dieu le Père tout-puissant.
Seigneur, Fils unique, Jésus Christ,
Seigneur Dieu, Agneau de Dieu, le Fils du Père ;
toi qui enlèves le péché du monde, prends pitié de nous ;
toi qui enlèves le péché du monde, reçois notre prière ;
toi qui es assis à la droite du Père, prends pitié de nous.
Car toi seul es saint, toi seul es le Seigneur, toi seul es le Très-Haut :
Jésus Christ, avec le Saint-Esprit, dans la gloire de Dieu le Père. Amen.

Je crois en Dieu

Je crois en Dieu, le Père tout-puissant,
créateur du ciel et de la terre.
Et en Jésus Christ, son Fils unique, notre Seigneur,
qui a été conçu du Saint-Esprit,
est né de la Vierge Marie,
a souffert sous Ponce Pilate, a été crucifié,
est mort et a été enseveli,
est descendu aux enfers,
le troisième jour est ressuscité des morts,
est monté aux cieux,
est assis à la droite de Dieu le Père tout-puissant,
d'où il viendra juger les vivants et les morts.
Je crois en l'Esprit Saint, à la sainte Église catholique,
à la communion des saints, à la rémission des péchés,
à la résurrection de la chair, à la vie éternelle.
Amen.

Le Je crois en Dieu des enfants

Je crois, Dieu, que tu es Père,
notre Père à tous.
Tu nous a offert la terre en cadeau
et tu nous invites à la partager avec tous.
Je crois en Jésus, ton Fils bien-aimé.
Grâce au oui de la Vierge Marie,
il est venu vivre au milieu de nous.
Sa parole était de feu
et ses gestes respiraient ta bonté.
Il a été jusqu'au bout de son chemin d'amour,
se donnant lui-même pour nous
sur la croix où les hommes l'avaient fixé.
Mais tu l'as réveillé de la mort,
Il est vivant, avec nous jusqu'à la fin des temps.
Son chemin devient le nôtre.
Il reviendra nous prendre avec lui.
Je crois en l'Esprit Saint,
souffle de vie et d'amour.
Il nous rappelle tout ce que Jésus nous a dit
et nous conduit vers la vérité tout entière.
Il nous garde dans l'unité de l'Église
et nous guide vers le Royaume.
Je crois au triomphe de la vie
pour les siècles des siècles.
Amen.

Viens, Esprit créateur

Viens, Esprit créateur,
visite l'âme de tes fidèles,
emplis de la grâce d'en-haut
les cœurs que tu as créés.
Toi qu'on appelle Conseiller,
Don du Dieu Très Haut,
Source vive, Feu, Charité,
Invisible Consécration.
Tu es l'Esprit aux sept dons*,
le doigt de la main du Père,
l'Esprit de Vérité promis par le Père,
c'est toi qui inspires nos paroles.

Allume en nous ta flamme,
emplis d'amour nos cœurs,
affermis toujours de ta force,
la faiblesse de nos corps,
repousse l'adversaire au loin,
donne-nous ta paix sans retard,
pour que sous ta conduite et ton conseil,
nous évitions tout mal et toute erreur.
Fais-nous connaître le Père,
révèle-nous le Fils,
et toi, leur commun Esprit,
fais-nous toujours croire en toi.

Gloire soit à Dieu le Père,
au Fils ressuscité des morts,
et à l'Esprit Saint Consolateur
maintenant et toujours et dans tous les siècles.
Amen.

* Les sept dons de l'Esprit Saint sont : sagesse et intelligence, conseil et force, science et piété, adoration.

Je te cherche dès l'aube

(inspiré du psaume 62)

Ô Dieu, tu es mon Dieu,
je te cherche dès l'aube.
Je suis comme une terre desséchée, poussiéreuse :
elle a soif d'eau,
moi, j'ai soif de toi.

Je veux te contempler dans ta demeure,
voir ta grandeur et ta gloire.
Ton amour est meilleur que la vie
et mes lèvres diront ta splendeur.
Tout le long de mes jours, c'est toi que j'adore.

Tout le long de mes nuits,
quand je suis éveillé,
c'est à toi que je pense.
Toi qui es mon secours,
qui me soutiens de ta main droite.
Mon âme se serre contre toi,
et j'exulte de joie à l'ombre de tes ailes.

Prière du matin

Dès le matin, Seigneur Jésus,
je te confie ma prière.
Prête-lui ta voix et fais-la tienne
pour qu'elle touche le cœur du Père :

Je te prie pour tous les miens,
ceux qui sont proches,
ceux que j'aime tendrement.
Je te prie aussi pour ceux avec
qui je ne m'entends plus…
Souviens-toi, Seigneur,
de tous ceux qui, ces jours derniers,
m'ont confié leurs peines et leurs angoisses.
N'oublie pas ceux que la maladie ou la vieillesse paralysent.
Pense aussi à tous ceux dont la solitude
est trop lourde à porter…
Regarde avec tendresse les époux séparés,
les enfants abandonnés
et aide les familles qui traversent la tempête…

Avec toi, Seigneur Jésus,
je me tourne vers Dieu.

Quelle chance !

Pour le matin

Quelle chance, Seigneur,
de commencer cette journée nouvelle.
Qu'elle est grande
la confiance que tu me fais !
Aujourd'hui encore
tu comptes sur moi
pour embellir ta création
et achever ton œuvre.
Aide-moi à tout faire avec cœur :
mon travail à l'école,
le service à la maison,
les jeux avec les amis.
Inspire-moi des gestes d'amitié,
des regards de tendresse,
des paroles de bonté.
Et qu'ainsi, ce soir,
le monde soit un peu plus beau…

Avant les repas

Dieu notre Père, tu nourris les oiseaux du ciel et tu habilles les fleurs des champs. Merci pour ce repas. Il nous rappelle ton amour. Aide-nous à le partager dans la joie et à être attentifs aux autres.

ou

Bénis ce repas, Seigneur, rappelle-nous la chance que nous avons de manger à notre faim. Aide-nous à ne pas gaspiller et mets dans nos cœurs le souci de ceux qui vivent dans la pauvreté et la misère.

ou

Seigneur, que ce repas nous donne des forces pour t'aimer et te servir.
Qu'il nous pousse à rejoindre ceux et celles qui ont faim de pain et d'amitié.

Prière du soir

Je suis fatigué, Seigneur Jésus,
mais je ne voudrais pas fermer les yeux
et m'endormir sans une dernière pensée pour toi.
J'ai envie de te dire merci.
Il y a eu tant de bons moments aujourd'hui.
Des parents et des amis, c'est si précieux.
Je te remercie pour chacun d'eux.
Mais il y a eu aussi de mauvaises choses.
J'ai mon caractère,
mes sautes d'humeur et mon égoïsme…
Je t'en demande pardon.
Aide-moi à corriger tout cela
et à progresser sur le chemin de l'amour.
Alors, demain soir,
mon merci sera plus grand encore.
Bonsoir, Seigneur !

Pâquerettes de joie

Pour le soir

Tu as fait fleurir
beaucoup de pâquerettes
aujourd'hui, Seigneur :
petites joies et petits plaisirs,
gestes de tendresse et regards d'amitié…
Tout cela m'a rendu heureux
et j'ai envie de t'en dire merci :
c'est toi la source du bonheur.
Il y a aussi tout le bien que j'ai fait
et que je t'offre comme un bouquet de fleurs
en échange du tien.
Accueille mon cœur en fête
et donne-moi le repos
à l'ombre de ton amour.
Amen !

Je vous salue Marie

Je vous salue, Marie, pleine de grâce,
le Seigneur est avec vous ;
vous êtes bénie entre toutes les femmes
et Jésus le fruit de vos entrailles est béni.
Sainte Marie, Mère de Dieu,
priez pour nous, pauvres pécheurs,
maintenant et à l'heure de notre mort.
Amen.

Magnificat

Mon âme exalte le Seigneur,
exulte mon esprit en Dieu, mon Sauveur !
Il s'est penché sur son humble servante ;
désormais, tous les âges me diront bienheureuse.
Le Puissant fit pour moi des merveilles ;
Saint est son nom !
Son amour s'étend d'âge en âge
sur ceux qui le craignent.
Déployant la force de son bras, il disperse les superbes.
Il renverse les puissants de leurs trônes, il élève les humbles.
Il comble de biens les affamés,
renvoie les riches les mains vides.
Il relève Israël son serviteur, il se souvient de son amour,
de la promesse faite à nos pères, en faveur d'Abraham et de sa race, à jamais.
Gloire au Père, et au Fils, et au Saint-Esprit,
pour les siècles des siècles.
Amen.

Merci pour la vie !

La vie est bonne à croquer
comme une pomme d'amour.
Il y a de ces bouffées de joie
qui me donnent envie de te dire merci
et de danser pour toi.
Et il suffit parfois de si peu…
le regard tendre d'un ami,
la délicatesse de maman,
un coucher de soleil inattendu,
un paysage enchanteur…
Mais il y a aussi ces activités
où je me suis surpassé,
ces gestes de partage
où j'ai été au bout de moi-même
dans le dévouement et le service.
La vie me semble alors encore meilleure,
car il y a plus de joie
à donner qu'à recevoir.
Sois remercié, Seigneur,
toi qui as inventé la vie.

Je suis encore un enfant

Je suis encore un enfant
et je voudrais te prier
avec mes mots à moi.

Je suis encore un enfant,
mais je connais déjà
des joies et des peines
que j'ai envie de te confier.

Je suis encore un enfant,
mais n'est-ce pas ma chance
pour mieux découvrir ton cœur de Père
et accueillir Jésus comme un ami ?

Ô Seigneur,
écoute ce que je dis
avec mes mots maladroits,
mais pleins de tendresse…

Je t'écoute, Seigneur

Ta parole, Jésus,
est si différente des autres.
Elle sonne vrai
et me touche au cœur.
Mais elle n'est pas toujours facile
à mettre en pratique.
Pourtant, je sens bien
que c'est toi qui me guides.
Si je t'écoutais plus souvent,
le monde serait plus beau.
Ce soir, Seigneur,
j'ouvre l'Évangile.
Je viens passer un moment près de toi…
Parle !
Je suis prêt
à me laisser déranger par toi.

Pour ceux que j'aime

Je voudrais te prier, Seigneur, pour ceux que j'aime, pour ceux que je n'aime pas assez et pour ceux que je n'aime pas du tout. Toi, tu as un amour égal pour tous. Tu fais lever ton soleil sur les bons comme sur les méchants. Moi, je juge et je classe, je mesure mon amour selon mes humeurs.

Apprends-moi à aimer comme toi. Rends-moi attentif à celui qui attend une parole d'amitié, qui espère un regard de tendresse, qui cherche une oreille attentive. Je viens puiser dans ton amour pour moi afin d'en avoir pour les autres. Je sais qu'en toi, tous nos cœurs sont unis. Seigneur, donne-moi la mémoire du cœur : que je n'oublie personne !

Pour ceux qui sont partis

J'ai parfois beaucoup pleuré, Seigneur, quand ils sont partis. Je sais que près de toi, ils sont bien, mais ils étaient aussi bien près de moi. Serait-ce toi qui nous as séparés ?

Je me pose beaucoup de questions, mais il n'y a sans doute qu'une seule réponse : ton amour pour chacun de nous. C'est en lui que je place ma confiance. Tu nous as donné la vie, ce n'est sûrement pas pour la reprendre. Quand le grain de blé meurt en terre, c'est afin de porter beaucoup de fruits.

Écoute, Seigneur, le nom de tous ceux et de toutes celles que je n'oublierai jamais. *(Ici, tu peux énumérer les prénoms de celles et ceux de ta famille et de tes amis que tu veux confier au Seigneur.)* Grave-les dans ton cœur. Je te les confie avec beaucoup de tendresse. Ils ont du prix pour moi. Je voudrais tant les retrouver auprès de toi.

Pour la guérison d'un malade

Seigneur, cette personne *(tu peux dire son nom)* que j'aime est malade. C'est pour elle que je te prie. Beaucoup de gens prennent soin de son corps, moi je voudrais te prier pour son cœur. Qu'elle garde confiance en toi et puisse lutter courageusement contre la maladie. Jésus a fait tant de bien aux malades qu'il rencontrait. Qu'il soutienne *(cette personne)*. Qu'il lui donne la force intérieure.

Je te prie aussi pour tous ceux et toutes celles qui l'accompagnent. Qu'ils soient pleins de patience et de persévérance. Et que surtout la foi en toi ne manque jamais à personne. N'es-tu pas ce Père pour qui chacun de tes enfants compte ?

Pardon !

Pardon, Seigneur !
Mon cœur s'est durci,
mes mains se sont repliées,
mes yeux se sont fermés.
Que d'ingratitude de ma part.
Pourquoi cette petite vie facile,
sans envergure,
sans grandeur ni beauté ?
Pardonne-moi mes lâchetés,
mes faiblesses.

Ne me condamne pas
pour ces cœurs que j'ai blessés,
ces mains que j'ai refusées,
ces yeux que j'ai évités.
Je le vois, à présent :
c'est toi que j'ai oublié,
c'est moi que j'ai servi.
Pardon !

Prière de réconciliation

Une fois de plus, Seigneur, je me suis disputé. Je ne sais plus qui a commencé, même si j'ai affirmé que ce n'était pas moi. Et maintenant que la rage d'avoir raison est passée, je me dis que ce n'est pas important : peu importe qui a commencé. L'essentiel est de mettre fin à cette querelle, et surtout de nous réconcilier. Au fond, c'était stupide.

Il n'y avait pas de quoi se bagarrer. Je veux faire la paix, dans mon cœur et par une poignée de mains. Que ces bêtises s'effacent de ma mémoire, comme un dessin sur la plage à marée haute, et que notre amitié soit sculptée dans le marbre. Oui, Seigneur, apprends-moi à pardonner, mais aussi à demander pardon. Et que l'arc-en-ciel de l'amitié se déploie entre nous.

Prière de patience,
quand Dieu ne répond pas

Je vais être franc avec toi, Jésus.
Ce soir, je n'ai pas envie de prier.
Me diras-tu à quoi ça sert ?
Je me demande parfois
si je ne parle pas à un mur…
Je te confie mes joies, mes peines,
et toi, que me réponds-tu ?
Et puis, je suis tellement distrait…
Choisis une prière dans un livre,
me diras-tu…
J'ai alors l'impression
d'être une machine
qui répète sans réfléchir
des phrases toutes faites.

Mais, tout à coup, j'y vois plus clair !
En fait, j'ai très envie de te prier,
mais je ne sais pas comment m'y prendre.
Au fond, ne l'ai-je pas trouvée
ma prière de ce soir ?
Écoute-la, Jésus :
« Apprends-moi à te parler
comme un ami parle à son ami… »

Prier avec Abraham

Seigneur,
parfois, il m'arrive d'entendre
au plus profond de moi,
un appel qui vient de plus loin que moi.
Ne serait-ce pas ta voix
qui m'invite à quitter
les terres de mon égoïsme ?
Comme Abraham,
je voudrais me mettre en route
et aller vers le royaume de Jésus,
où tout n'est qu'amour.
Donne-moi son audace,
et surtout sa foi.

Prier avec Moïse

Moi aussi, Seigneur,
il m'arrive de deviner ta présence,
tel un feu qui éclaire et réchauffe.
Moi aussi,
il semble que tu m'appelles, comme Moïse,
et que tu as une mission à me confier.
Dis-moi ton nom,
comme une confidence,
comme un secret.
Tu resteras toujours un peu mystérieux pour moi,
mais entendre le son de ta voix
au plus profond de mon cœur
me rassure.
Je sais que tu es avec moi.
Que me faut-il de plus ?

Prier avec Élie

Seigneur,
parfois, je suis découragé.
Ce monde plus beau n'arrivera jamais.
Je n'ai plus envie d'y croire.
Les méchants sont toujours les plus forts,
et je me sens si seul face à eux.
Lorsque j'ai envie de baisser les bras,
n'hésite pas à me demander
de reprendre le chemin.
Quand se lève en moi un vent d'ouragan,
que ta brise légère me caresse le visage,
comme ce jour-là, pour Élie.
Je voudrais être un passionné,
comme ce grand prophète.
Mais n'oublie pas :
j'ai besoin de ta présence à mes côtés.

Prier avec David

Parfois, j'ai envie de danser, Seigneur.
Oui, pour toi !
Je voudrais que les arbres des forêts dansent avec moi…
Ah ! si je pouvais jouer de la lyre et de la cithare à dix cordes !
Le ciel est si beau
quand il rougeoie à son coucher
et, quand je contemple la nature,
je cherche les mots pour féliciter l'artiste.
J'ai envie de me faire poète
pour te dire tout simplement
que tu es mon soleil et mon rocher,
mon berger, celui qui veille sur moi.
Parfois aussi, comme David, je me fais mendiant de ton aide,
de ta bonté, de ton pardon.
Seigneur, garde-moi toujours un cœur priant.

Prier avec Marie

Seigneur,
dans la lumière comme dans la nuit,
la vie de Marie a été un long « Je crois ».
Quand l'ange est venu lui demander
d'être la Mère du Seigneur,
elle a dit oui.
Quand Jésus est né à Bethléem,
elle a connu la joie.
Quand, à douze ans, il est resté au Temple,
pour les affaires de son Père,
elle a accepté.
Quand il a quitté la maison familiale,
elle ne l'a pas retenu.
Quand il est monté à Jérusalem pour y mourir,
elle ne s'y est pas opposée.
Quand il est mort sur la croix,
elle était à ses côtés.
Et au matin de Pâques,
dans le secret de son cœur,
elle a cru qu'il était vivant.
Seigneur, que sa prière m'aide à lui ressembler.

Prier avec Paul

Seigneur Jésus,
comme Paul,
je t'ai rencontré un jour sur ma route.
Tu es vivant,
je l'ai compris.
Depuis lors, je cherche à te connaître.
Comme un athlète dans le stade,
je suis prêt à tous les sacrifices.
Je veux remporter la victoire de l'amour.
J'ai été baptisé,
j'ai revêtu ton vêtement de lumière,
je serai ton témoin,
à ma façon.
Je te demande simplement ton Esprit.
Donne-le-moi généreusement.

Prier avec Jésus

Jésus, mon ami,
je voudrais faire route avec toi,
tenir ta main
et regarder en avant.
Tes paroles, dans l'Évangile,
ont touché mon cœur
et ta bonté m'a donné envie
d'être comme toi,
d'aimer sans frontières,
et de pardonner sans compter.
Viens habiter mon cœur
pour qu'avec toi,
je puisse habiter
le cœur de Dieu notre Père.
Tu m'as appris
qu'il avait de la tendresse pour moi
et qu'il me pardonnait tous mes faux pas
quand je revenais à lui.
Tu es maintenant auprès du Père.
Envoie-moi l'Esprit Saint.
Habité par sa force,
je serai un ouvrier de ton royaume
et, comme toi,
je pourrai appeler Dieu par son nom : Père !

Avant de reprendre la route…

Au moment où ta prière prend fin, avant de refaire le signe de la croix pour envelopper ces quelques minutes de cœur à cœur, ferme le livre et descends au plus profond de toi. Répète lentement, silencieusement ou comme un murmure, un mot, une demande ou une louange qui sont passés dans ton cœur durant ce temps de méditation.
Tu peux ensuite redire cette petite prière inspirée du psaume 22 :

Seigneur,
tu es mon berger.
Avec toi, rien ne me manque,
ni l'herbe fraîche,
ni l'eau des sources.
Quand je suis avec toi,
je ne crains aucun danger,
car ta tendresse est ma joie
et ton amour est fidèle.
En toi, je me confie,
aujourd'hui
et pour toujours.
Amen !

Illustrations

Chantal Cazin

Pages 17, 19, 23, 27, 28, 29, 31, 35, 39, 48, 49, 51, 60, 63, 66, 75, 76, 85, 86, 89, 95, 96, 101, 102, 103, 112, 113, 114, 115.

Stéphane Girel

Pages 9, 10, 11, 15, 24, 25, 38, 40, 41, 45, 47, 54, 55, 59, 72, 73, 79, 92, 93, 105, 108, 109.

Éric Puybaret

Pages 1, 16, 18, 20, 33, 37, 43, 52, 69, 71, 81, 83, 90, 98, 107.

Achevé d'imprimer en août 2008
sur les presses de Graficas-Estella, Espagne
N° d'édition : 08109
Dépôt légal : septembre 2008